뤼시스

정암고전총서 플라톤 전집

뤼시스

플라톤

강철웅 옮김

아카넷

'정암고전총서'를 펴내며

그리스 로마 고전은 서양 지성사의 뿌리이며 지혜의 보고이다. 그러나 이를 한국어로 직접 읽고 검토할 수 있는 원전 번역은 여전히 드물다. 이런 탓에 우리는 서양 사람들의 해석을 수동적으로 수용하는 처지를 완전히 극복하지 못하고 있다. 사상의 수입은 있지만 우리 자신의 사유는 결여된 불균형의 문제를 안고 있는 것이다. 이런 상황은 우리의 삶과 현실을 서양의 문화유산과 연관 지어 사색하고자 할 때 특히 심각한 문제를 야기한다. 우리 자신이 부닥친 문제를 자기 사유 없이 남의 사유를 통해 이해하거나 해결하는 것은 거의 불가능하기 때문이다. 우리의 문제에 대한 인문학적 대안들이 때로는 현실을 적확하게 꼬집지 못하는 공허한 메아리로 들리는 것도 그런 이유 때문일 것이다.

한 공동체에서 살아가는 사람들이 자신들의 생각과 말을 나누며 함께 고민하는 문제와 만날 때 인문학은 진정한 울림이 있는 메아리가 될 수 있다. 이것은 우리가 우리의 현실을 함께 고민하는 문제의식을 공유함으로써 가능하겠지만, 그조차도 함께 사유할 수 있는 텍스트가 없다면 요원한 일일 것이다. 사유를 공유할 텍스트가 없을 때는 앎과 말과 함이 분열될 위험에 노출될 수 있기 때문이다. 이런 점에서 진정한 인문학적 탐색은 삶의 현실이라는 텍스트, 그리고 생각을 나눌 수 있는 문헌 텍스트와 만나는 이중의 노력에 의해 가능할 것이다.

현재 한국의 인문학적 상황은 기묘한 이중성을 보이고 있다. 대학 강단의 인문학은 시들어 가고 있는 반면 대중 사회의 인문학은 뜨거운 열풍이 불어 마치 중흥기를 맞이한 듯하다. 그러나 현재의 대중 인문학은 비판적으로 사유하는 인문학이 되지 못하고 자신의 삶을 합리화하는 도구로 전락하는 경향이 없지 않다. 사유 없는 인문학은 대중의 욕망을 충족시키기 위해 소비되는 상품에 지나지 않는다. '정암고전총서' 기획은 이와 같은 한계상황을 극복할 수 있는 기본적인 토대를 마련하고자 하는 절실한 문제의식에서 시작되었다.

정암학당은 철학과 문학을 아우르는 서양 고전 문헌의 연구와 번역을 목표로 2000년 임의 학술 단체로 출범하였다. 그리고 그 첫 열매로 서양 고전 철학의 시원이라 할 『소크라테스 이전 철학자들의 단편 선집』을 2005년도에 펴냈다. 2008년에는 비영리 공익법인의 자격을 갖는 공적인 학술 단체의 면모를 갖추고 플라톤 원전 번역을 완결할 목표 아래 지금까지 20여 종에 이르는 플라톤 번역서를 내놓고 있다. 이제 '플라톤 전집' 완간을 눈앞에 두고 있는 시점에 정암학당은 지금까지의 시행착오를 밑거름 삼아 그리스·로마의 문사철 고전 문헌을 한국어로 옮기는 고전 번역 운동을 본격적으로 펼치려 한다.

정암학당의 번역 작업은 철저한 연구에 기반한 번역이 되도록 하기 위해 처음부터 공동 독회와 토론을 통해 이루어진다. 번역 초고를 여러 번에 걸쳐 교열·비평하는 공동 독회 세미나를 수행하여 이를 기초로 옮긴이가 최종 수정하는 방식으로 진행된다.

이같이 공동 독회를 통해 번역서를 출간하는 방식은 서양에서도 유래를 찾기 어려운 번역 시스템이다. 공동 독회를 통한 번역은 매우 더디고 고통스러운 작업이지만, 우리는 이 같은 체계적인 비평의 과정을 거칠 때 믿고 읽을 수 있는 텍스트가 탄생할 수 있다고 확신한다. 이런 번역 시스템 때문에 모든 '정암고전총서'에는 공동 윤독자를 병기하기로 한다. 그러나 윤독자들의 비판을 수용할지 여부는 결국 옮긴이가 결정한다는 점에서 번역의 최종 책임은 어디까지나 옮긴이에게 있다. 따라서 공동 윤독에 의한 비판의 과정을 거치되 옮긴이들의 창조적 연구 역량이 자유롭게 발휘될 수 있도록 노력하였다.

정암학당은 앞으로 세부 전공 연구자들이 각각의 연구팀을 이루어 연구와 번역을 병행함으로써 아리스토텔레스 철학 원전, 키케로 전집, 헬레니즘 선집 등의 번역본을 출간할 계획이다. 그리고 이렇게 출간될 번역본에 대한 대중 강연을 마련하여 시민들과 함께 호흡할 수 있는 장을 열어 나갈 것이다. 공익법인인 정암학당은 전적으로 회원들의 후원으로 유지된다는 점에서 '정암고전총서'는 연구자들의 의지뿐만 아니라 시민들의 소중한 뜻이 모여 세상 밖에 나올 수 있는 셈이다. 이런 점에서 '정암고전총서'가 일종의 고전 번역 운동으로 자리매김되길 기대한다.

'정암고전총서'를 시작하는 이 시점에 두려운 마음이 없지 않으나, 이런 노력이 서양 고전 연구의 디딤돌이 될 것이라는 희망, 그리고 새로운 독자들과 만나 새로운 사유의 향연이 펼쳐질 수 있으리라는 기대감 또한 적지 않다. 어려운 출판 여건에도 '정암고전총서' 출간의 큰 결단을 내린 아카넷 김정호 대표에게 경의와 감사의 뜻을 전한다. 끝으로 정암학당의 기틀을 마련했을 뿐만 아니라 앎과 실천이 일치된 삶의 본을 보여 주신 이정호 선생님께 존경의 마음을 표한다. 그 큰 뜻이 이어질 수 있도록 앞으로도 치열한 연구와 좋은 번역을 내놓는 노력을 다할 것이다.

2018년 11월

정암학당 연구자 일동

'정암학당 플라톤 전집'을 새롭게 펴내며

플라톤의 사상과 철학은 서양 사상의 뿌리이자 서양 문화가 이루어 온 지적 성취들의 모태가 되었다는 점에서 큰 의미를 지니고 있다. 특히 그의 작품들 대부분은 풍성하고도 심오한 철학적 문제의식을 담고 있을 뿐만 아니라 생동감 넘치는 대화 형식으로 쓰여 있어서, 오늘날까지 많은 사람이 최고의 철학 고전이자 문학사에 길이 남을 걸작으로 손꼽고 있다. 화이트헤드는 '유럽철학의 전통은 플라톤에 대한 일련의 각주'라고까지 하지 않았던가.

정암학당은 플라톤의 작품 전체를 우리말로 공유할 수 있도록 하자는 취지에서 뜻있는 학자들이 모여 2000년에 문을 열었다. 그 이래로 플라톤의 작품들을 함께 읽고 번역하는 데 매달려 왔다. 정암학당의 연구자들은 애초부터 공동 탐구의 작업 방식을 취해 왔으며, 이에 따라 공동 독회와 토론을 통해 텍스트를 이해하는 노력을 기울여 왔고, 초고를 여러 번에 걸쳐 교열·비평하는 수고 또한 마다하지 않았다. 2007년에 『뤼시스』를 비롯한 3종의 번역서를 낸 이후 지금까지 출간된 정암학당 플라톤 번역서들은 모두 이 같은 작업 방식으로 이루어진 성과물들이다.

정암학당의 이러한 작업 방식 때문에 번역 텍스트를 출간하는 데 출판사 쪽의 애로가 없지 않았다. 그동안 출판을 맡아 준 이제이북스는 어려운 여건에서도 플라톤 전집 출간의 의미를 이해하고 전집 출간 사업에 동참하여 많은 노력을 기울여 주었다. 그 결과 2007년부터 2018년까지 20여 종의 플라톤 전집 번역서가 출간되었다. 그러나 최근 이제이북스의 여러 사정으로 인해 전집 출간을 마무리하기가 어려워졌다. 정암학당은 플라톤 전집 출간을 이제이북스와 완결하지 못하게 된 것에 대해 아쉬움을 표하는 동시에 그동안의 노고에 고마움을 전한다.

정암학당은 이 기회에 플라톤 전집의 번역과 출간 체계를 전반적으로 정비하기로 했고, 이런 취지에서 '정암학당 플라톤 전집'을 '정암고전총서'에 포함시켜 아카넷 출판사를 통해 출간할 것이다. 아카넷은 정암학당이라는 학술 공간의 의미를 이해하고 '정암학당 플라톤 전집' 출간의 가치를 공감해 주었다. 여러 가지 측면에서 많은 어려움이 있었음에도 어려운 결단을 내린 아카넷 출판사에 감사를 표한다.

정암학당은 기존에 출간한 20여 종의 번역 텍스트를 '정암고전총서'에 편입시켜 앞으로 2년 동안 순차적으로 이전 출간할 예정이다. 그러나 이런 작업이 짧은 시간에 추진되었기 때문에 번역자들에게 전면적인 수정을 할 시간적 여유가 주어지지는 않았다. 따라서 아카넷 출판사로 이전 출간하는 플라톤 전집은 일부의 내용을 보완하고 오식을 수정하는 선에서 새로운 판형과 조판으로 출간한다. 이 점에 대해서는 독자들께 양해를 구한다. 정암학당은 출판사를 옮겨 출간하는 작업을 진행하는 동시에, 플라톤 전집 중 남아 있는 텍스트들에 대한 번역본 출간 시기도 앞당길 수 있도록 노력할 것이다. 그리하여 오랜 공동 연구의 결실인 '정암학당 플라톤 전집' 전체를 독자들이 조만간 음미할 수 있도록 최선을 다할 것이다.

끝으로 정암학당의 기반을 마련해 주신 고 정암(鼎巖) 이종건(李鍾健) 선생을 추모하며, 새 출판사에서 플라톤 전집을 완간하는 일에 박차를 가할 것을 다짐한다.

2019년 6월
정암학당 연구자 일동

차례

작품 내용 구분

※ 2~10장에 걸쳐 이루어지는 주된 대화의 구분은 주로 소크라테스 자신이 논의 말미에 논의된 주요 후보들을 열거하는 대목(222e3–5)에 바탕을 둔 것이다.

등장인물

소크라테스(Sōkratēs)

기원전 469~399년. 주된 대화자 가운데 한 사람이면서 동시에 이 대화 내용 자체를 전달해 주는 사람이기도 하다. 무지를 자처하는 사람이긴 하지만, 그가 안다고 말하는 것들이 간혹 있는데 그 가운데 하나가 바로 에로스(연애)이다. 에로스 전문가인 그가 에로스와 필리아에 연루되어 있는 당사자들과 바로 그 주제에 관해 이야기를 풀어 가는 것이 이 대화편의 기본 구도이다. 그스스로 '늙은 사람'이라고 말하는 것(223b5)으로 보아 청년인 크테시포스와 히포탈레스보다 훨씬 연상의 노인으로 설정되어 있다.

크테시포스(Ktēsippos)

플라톤의 다른 작품인 『에우튀데모스(Euthydēmos)』에 클레이니아스를 애인으로 얻은 자로 등장하는 것으로 보아 에로스(연애)를 즐기는 성향을 가진 인물인 듯하다. 하지만 이 작품에서는 동년배인 히포탈레스가 애인 뤼시스를 향해 보이는 돌출적인 행동에 대해 냉소적인 평가를 내리는 인물로 나온다. 소크라테스가 죽을 때 곁에 있던 사람 가운데 하나라고 『파이돈(Phaidōn)』 59b에 언급되어 있다.

히포탈레스(Hippothalēs)

이 사람에 대해서는 별달리 알려진 바 없다. 크테시포스와 비슷한 연배일 것으로 짐작된다. 뤼시스를 향한 그의 '일방적인' 에로스가 이 대화편의 줄거리를 추동하는 한 축이다. 열정적이면서도 소심한 일면을 갖고 있는 인물로 나온다. 크테시포스와 히포탈레스, 두 사람의 이름을 글자 그대로 풀면 전자(Ktēsippos)는 '말을 소유한 자', 후자(Hippothalēs)는 '말을 풍부하게 가진 자'라는 뜻이 된다. 당시에 말을 가지고 있다는 것은 부유한 가문 출신이라는 징표로 간주될 수 있다. 본문 205c4에서도 뤼시스 가문 이야기 중에 부와 함께 말 사육이 언급된다. 히포탈레스가 뤼시스를 사랑(연애)하는 자(에라스테스)로 나오는 것으로 보아 둘 다 나이가 최소한 십대 후반 이상인 청년으로 설정되어 있다.

뤼시스(Lysis)

친구 메넥세노스와 함께 소크라테스의 주된 대화 상대로 등장하는 인물이며, 그의 이름이 또한 이 대화편의 이름이기도 하다. 히포탈레스가 오매불망하는 미소년으로 나온다. 그에 대한 묘사는 카르미데스나 알키비아데스를 떠올리게 한다. 지적 열의가 강하지만 메넥세노스보다는 다소 총기가 부족하다는 인상을 주는 인물이다. 그의 가문에 대한 언급이 이 대화편에 있긴 하지만 역사적으로 그에 관해 알려진 바는 없다. 다만 그의 딸의 무덤이 발견되었다는 보고가 있으며, 그녀의 이름은 이스트모니케(Isthmonikē)라고 한다. 그의 이름(Lysis)을 글자 그대로 보면, '풀다'라는 의미를 가진 '뤼에인'(lyein)에서 유래한 추상 명사로서, '해방', '석방', '구원', '면제', '해결' 등을 뜻한다. 소크라테스와 대화를 시작할 때 그는 부모의 온정적 간섭을 고분고분 받아들이는 충실한 아들로서 특징지어지고 있는데, 소크라테스와 대화를 하고 나서는 부권의 대행자로 볼 수 있는 보호자(파이다고고스)에게 가볍게 저항하는 모습을 보이기도 한다. 이 대화편에서 드러나는, 부권에 대한 그의 이런 태도 변화는 그의 이름(따라서 이 대화편의 이름)이 시사하는 바와 잘 부합한다고 볼 수 있다.

메넥세노스(Menexenos)

크테시포스의 사촌이며 뤼시스와 절친한 친구 사이로 나온다. 그의 이름을 딴, 플라톤의 다른 대화편이 있다. 그가 자기 이름이 제목인 그 대화편에서는 역할이 더 미미한 반면, 친구의 이름이 제목인 이 대화편에서는 오히려 상당히 비중 있는 역할을 맡고 있다는 점이 흥미롭다. '소피스트적'인 쟁론에 강한 인물로 나온다. 그도 크테시포스와 함께, 소크라테스의 임종을 지켜보았다고 『파이돈』 59b에 언급되어 있다. 그와 뤼시스 간의 '상호적인' 필리아가 이 대화편의 줄거리를 추동하는 또 다른 한 축이다. 뤼시스가 소년 애인(파이디카)으로 나오고 둘이 누가 손위인가를 놓고 다투는 것으로 보아 둘 다 십대 초반 정도의 소년으로 설정되어 있다.

※ 이 대화편의 극중 연대에 관하여 결정적인 증거는 없다. 다만 넓게 잡아 424년에서 399년 사이라고는 말할 수 있겠다. 211e6–8의 '다레이오스'가 2세(통치 기간이 기원전 424~405년)를 가리킨다면 적어도 424년 이후일 것이기 때문이다. 위에서도 언급했듯이 말미인 223b5에서 소크라테스가 '늙은 사람'을 자처하고 있는 것도 그런 추측과 잘 어울린다.

※ 이 대화편은 소크라테스가 이름 모를 누군가에게 자신이 이전에 나누었던 대화의 내용을 전해 주는 형식을 취하고 있다. 듣는 이에 대한 시사가 전혀 없어서, 언제 어떤 기회에 이런 전달이 이루어졌는지는 알 수 없다. 그러나 다른 대화편들의 경우를 감안해 볼 때, 전달되는 대화 내용들뿐만 아니라 전달하는 소크라테스의 말도 읽는 이가 아니라 듣는 이가 상정된 대화 투의 말이라고 보는 것이 합당하다고 보아 모두 대화 투로 옮긴다.

　　첫째, 우선 소크라테스가 전달할 때 쓰는 말은, 듣는 이 혹은 듣는 이들이 소크라테스와 가까운 동년배이거나 연하인 것으로 가정하여, '하게체'로 옮긴다(예 : "내가 말했네").

　　둘째, 전달되는 대화 내용의 경우도 비슷한 관계를 상정하여, 소크라테스는 '하게체'를, 다른 사람들은 소크라테스에게 '하십시오체'를 사용하는 것으로 옮긴다. 이런 어투 차이는 우리말의 자연스러움을 위한 것이지, 원문을 반영하는 것이 아니다. 아울러 2인칭이나 3인칭 호칭으로 '선생' 혹은 '선생님'을 도입하는데, 이것 역시 원문에 있는 것이 아니다.

일러두기

- 둥근 괄호 ( )는 다음의 경우에 사용한다. 첫째, 우리말 번역어에 해당하는 한자어를 병기하거나 원어를 밝히기 위해 사용한다. 이때 그리스어 단어는 읽는 이의 편의를 위해 로마자로 표기한다. 둘째, 문장의 구조가 복잡하거나 중간에 무언가가 삽입될 때 문장의 큰 흐름을 유지하기 위한 방편으로, 그러니까 맞줄표 대신으로 사용한다. 그리스어 관계문을 옮길 때도 필요하면 사용할 수 있다. 셋째, 비슷한 정신에서, 어떤 말을 넣어서 읽거나 빼서 읽거나 둘 다가 가능한 경우에도 사용할 수 있다. 넷째, 대표 번역어의 의미를 좀 더 분명히 드러내기 위해 사용할 수 있다. 예 : 사랑(친애), 사랑(연애) 등.

- 사각 괄호 〔 〕는 다음의 경우에 사용한다. 첫째, 문맥 이해에 도움을 줄 목적으로 옮긴이가 원문에 없는 내용을 삽입 혹은 보충하기 위해 사용한다. 둘째, 주석 등에서 괄호가 중복될 때 대괄호의 용도로 사용할 수 있다.

- 지시어의 지시 대상을 번역문에서 풀어 주지 않았지만 읽는 이를 위해 분명히 밝혀 줄 필요가 있는 경우에는 사각 괄호를 사용하지 않고 주석에서 다룬다. 다른 번역의 가능성은 아주 긴요한 경우만 주석에서 설명하고, 나머지는 〈부록〉의 '찾아보기'에서 해당 단어의 대표 번역어 옆에 병기한다.

- 번역의 기준 판본은 옥스퍼드 고전 텍스트(OCT) 시리즈의 해당 부분으로 삼고, 쪽수 표기도 그곳에 언급되어 있는 이른바 '스테파누스 쪽수'를 그대로 따른다. (예 : '203a' 등) 거기서 언급되는 주요 사본 B, T, W는 각각 다음 사본을 지칭한다. (b, t, w는 주지하다시피 각 사본에 나중 필사자가 가필한 부분을 가리킨다.)

  B = cod. Bodleianus, MS. E. D. Clarke 39(895년 사본)

  T = cod. Venetus Append. Class. 4, cod. 1(10세기 중반 사본)

  W = cod. Vindobonensis 54, suppl. phil. Gr. 7(11세기 사본)

- 사본 자체가 문제되는 경우 (예컨대 사본들이 서로 다른 독해를 담고 있는 경우, 특히 위 기준 판본의 선택을 따르지 않을 경우) 내용상 중요한 것들을 골라 주석에서 설명한다. 삼각 괄호 〈 〉는 사본에 없지만 보충되어야 한다고 후대 텍스트 편집자가 판단한 내용을 표시하기 위해 사용한다.

- 고유명사 등 그리스어 단어를 우리말로 표기할 때는 고전 시대의 발음에 가깝게 표기한다. 특히 후대 그리스어의 이오타시즘은 따르지 않는다. 다만 우리말 안에 들어와 이미 굳어진 것들은 관행을 존중하여 표기한다. 예 : 뤼시스, 뤼케이온, 귐나시온 등. 예외 : 피타고라스(퓌타고라스), 올림피아(올륌피아) 등.

뤼시스

뤼시스

나는 성벽 바로 아래에 나 있는 성벽 바깥쪽 길을 따라 아카데미
아로부터 곧장 뤼케이온을 향해 가고 있었네.[1] 그런데 내가 파
놉스[2]의 샘이 있는 쪽문 근처에 다다랐을 때, 거기서 마침 히에
로뉘모스의 아들 히포탈레스와 파이아니아[3] 출신의 크테시포스,
그리고 이 두 사람과 함께 무리지어 서 있는 다른 젊은이들을 만
나게 되었네. 그때 히포탈레스가 내가 다가가는 것을 보고 말
했네. "소크라테스 선생님,[4] 어디서 오셔서 어디로 가고 계십니 b
까?"

"아카데미아에서 와서 곧장 뤼케이온으로 가고 있는 중이네."
내가 말했네.

"이리로 곧장 저희들한테 오시지요. 들어가 보시지 않겠습니
까? 정말 그래 보실 만한 일입니다.[5]" 그가 말했네.

"어디로 말인가? 그리고 그렇게 말하는 그 자네들이란 누구를 말하는가?" 내가 말했네.

"이리로 말입니다." 성벽 바로 맞은편, 울타리가 둘러져 있고 문이 열려 있는 어떤 곳을 나에게 가리키면서 그가 말했네. "그리고 여기 있는 저희들뿐만 아니라 다른 아주 많은 멋있는 사람들[6]도 여기서 시간을 보냅니다." 그가 말했네.

204a "그런데 도대체 여긴[7] 뭔가? 그리고 뭐하면서 시간을 보내나?"

"레슬링 도장[8]입니다. 최근에 지어졌죠. 그리고 저희는 대개 논의를 하면서 시간을 보내는데요, 거기에 선생님도 참여할 수 있게 해 드렸으면 싶습니다." 그가 말했네.

"그거 정말 고마운 일이군. 그런데 누가 가르치지, 거기서?" 내가 말했네.

"바로 선생님의 동료[9]이자 칭송자인 미코스[10] 선생님입니다." 그가 말했네.

"제우스 신께 맹세코,[11] 그 사람, 시시한 사람이 아니라 능력이 풍부한 소피스트지.[12]" 내가 말했네.

"그러니 저희를 따라오시겠습니까? 저기 있는 사람들을 보시기도 할 겸 해서 말입니다." 그가 말했네.

b "우선 도대체 나보고 뭐 하러 들어가라는 건지, 또 누가 (그) 멋있는 사람[13]인지부터 들었으면 좋겠네."

"우리 가운데 어떤 사람에게는 이 사람이 그렇게 보이고, 다른 사람에게는 또 딴 사람이 그렇게 보입니다. 소크라테스 선생님."
그가 말했네.

"하지만, 자네에게는 도대체 누가 그렇게 보이는가, 히포탈레
스? 그걸 내게 말해 주게."

그랬더니 그는 이 질문을 받고 얼굴이 붉어지더군. 그래서 내
가 말했네. "히에로뉘모스의 아들 히포탈레스, 자네가 누군가를
사랑(연애)하고 있는지[14] 아닌지는 더 이상 말하지 않아도 되네.
나는 자네가 사랑(연애)하고 있을 뿐만 아니라 이미 그 사랑(연
애)에 있어서 아주 멀리까지 가 있다는 것도 알겠으니 말일세.[15]
그런데 바로 나 자신으로 말할 것 같으면 다른 일들에는 보잘것
없고 쓸모가 없지만, 사랑(연애)하는 자와 사랑(연애)받는 자[16]를 　c
얼른 알아볼 수 있다는 것 하나는 어떤 식으로든 신으로부터 받
아 가지고 있네."

그랬더니 그는 이 말을 듣고 훨씬 더 얼굴이 붉어지더군. 그러
자 크테시포스가 말했네. "정말 얌전도 하군,[17] 히포탈레스, 얼
굴을 붉히면서 소크라테스 선생님께 그의 이름을 말씀드리기를
주저하다니 말일세. 그렇지만 이 분이 잠시 동안만이라도 자네
와 함께 시간을 보내신다면, 자네가 수없이 그 이름을 들먹이는
것을 귀가 닳도록 들으시게 될 거네. 소크라테스 선생님, 어쨌
든 그는 '뤼시스'라는 소리로 우리 귀를 꽉 채워서 아예 귀가 먹　d
을 지경입니다. 정말이지, 그가 술이라도 한잔 걸치게 되면 우리

는 심지어 잠에서 깨어났을 때조차도 뤼시스의 이름을 듣고 있다는 생각이 들기 십상입니다. 그리고 그가 대화체로 미주알고 주알 이야기하는 것들도 물론 끔찍스럽긴 하지만 대단히 끔찍스러운 것은 아닙니다. 시가들과 산문들을 우리에게 쏟아 부으려 할 때에 비하면 말이죠. 그리고 이것들보다 더 끔찍스러운 것은 그가 자기 소년 애인[18]에 대해 묘한 목소리로 노래를 부르기까지 하는데, 그 목소리를 우리가 들으면서 견뎌 내야 한다는 것입니다. 그런데 지금 그가 선생님의 질문을 받고서는 얼굴을 붉히고 있군요."

e "그런데 뤼시스는 어린 사람인 것 같군. 그 이름을 듣고 내가 알아채지 못한 것으로 미루어 짐작하는 것이네만." 내가 말했네.

"그건 사람들이 그의 이름을 그리 자주 부르지는 않기 때문입니다. 오히려 그는 아직 아버지의 이름으로 불리고 있지요.[19] 아버지가 아주 잘 알려져 있으니까요. 하지만 선생님이 그 아이의 생김새[20]를 모르실 리 만무하다는 걸 전 잘 알고 있습니다. 그 생김새만으로도 알아보기에 충분하거든요." 그가 말했네.

"말해 보게, 그가 누구 아들인지." 내가 말했네.

"아익소네[21] 출신인 데모크라테스의 맏아들입니다." 그가 말했네.

"아 그래, 히포탈레스, 자넨 어느 모로 보나 참으로 고상하고
205a 풋풋한 사랑(연애)을 찾아냈구만! 그러니 자 이제, 여기 이 사람

들에게 자네가 보여 주고 있는 것들을 내게도 좀 보여 주게.[22] 사랑(연애)하는 자가 자기 애인에 관하여 그 애인 자신에게나 혹은 다른 사람들에게 무슨 말을 해야 하는지를 자네가 잘 알고 있는 지 내가 알아볼 수 있도록 말일세." 내가 말했네.

"소크라테스 선생님, 여기 이 사람이 말하고 있는 것들 가운데 뭔가 무게를 두시는 게 있는 건가요?" 그가 말했네.

"자네는 이 사람이 말하고 있는 그 아이를 사랑(연애)하고 있다 는 것조차도 아예 부인하는 건가?" 내가 말했네.

"아니요, 그런 건 아닙니다. 다만 제 애인에 대해 시가를 짓는 다는 것과 산문을 쓴다는 걸 부인하는 겁니다." 그가 말했네.

"그는 온전한 상태가 아니라 정신이 나가서 헛소리를 하는 겁 니다" 하고 크테시포스가 말했네.

그러자 내가 말했네. "히포탈레스, 자네가 그 젊은이에 대해 뭔가를 노래로 만든 적이 있다면 하는 말이네만, 내가 자네 시행 (詩行)들 가운데 어떤 것을 듣고 싶다거나 노래를 듣겠다는 게 아 니네. 다만 내가 듣기를 바라는 것은 그 취지라네. 자네가 애인 에게 어떤 식으로 대하는지 알아보려고 말일세."

"단언컨대 여기 이 사람이 선생님께 말씀드릴 것입니다. 그는 분명하게 알고 기억하고 있으니까요. 그의 말마따나 제가 말하 는 것을 들을 때마다 그의 귀가 먹먹해졌다면 말이죠." 그가 말 했네.

크테시포스가 말했네. "신들에 맹세코, 저는 아주 잘 알고 기억하고 있습니다. 정말이지, 그건 우스꽝스런 일이기도 하니까요, 소크라테스 선생님. 하긴, 그가 사랑(연애)하는 자로서, 또 그 아이에게 다른 사람들보다 유독 주의를 기울이면서도, 어린 c 아이조차도 말할 수 있는 것 이상의 자기만의 이야깃거리는 조금도 갖고 있지 않다는 게 어찌 우스꽝스런 일이 아니겠습니까? 그런데 도시 전체가 데모크라테스와 그 아이의 할아버지 뤼시스, 그리고 그 아이의 모든 조상들에 대해 노래하고 있는 것들, 즉 그들의 부유함과 말 사육,[23] 그리고 사두마차로 혹은 한 필의 경주마로 퓌티아, 이스트미아, 네메아 경기[24]에서 승리한 일 같은 것들을 그는 시가로 짓기도 하고 이야기로 하기도 합니다. 또 이것들 말고 이보다 훨씬 더 태곳적 이야기도 그렇게 합니다. 바로 얼마 전에도[25] 그는 어떤 시가에서 우리에게 헤라클레스가 환대 받은 일에 대해 자세히 이야기해 준 적이 있으니까요. 헤라클 d 레스와의 친척 관계 때문에 그들의 조상[26]이 헤라클레스를 얼마나 융숭하게 접대했는지를 말입니다. 그 조상 자신이 제우스와 그 마을을 창건한 이의 딸에게서 태어났으니까요.[27] 바로 그런 것들, 즉 노파들이 노래하는 것들과 또 다른 많은 비슷한 것들을 그가 자세히 이야기했습니다, 소크라테스 선생님. 여기 이 사람이 말하기도 하고 노래 부르기도 하면서 우리더러도 들으라고 강요하는 게 바로 이런 것들입니다."

그러자 이 말을 듣고 내가 말했네. "우스꽝스런 히포탈레스, 자네는 승리를 얻기도 전에 자네 자신에 대해 찬가를 지어 부르는가?"

"아니, 소크라테스 선생님, 제가 시가를 짓거나 부르는 건 저 자신에 대해서가 아닙니다." 그가 말했네.

"그저 아니라고 생각하는 것이지." 내가 말했네.

"그럼 사실은 어떻다는 거죠?" 그가 말했네.

"이 노래들은 무엇보다도 자네를 가리키고 있네. 자네가 애인을 낚아챘는데, 그 애인이 그런 유의 사람이라면, 자네가 말한 것들과 노래한 것들은 자네를 꾸며 주는 장식[28]이 될 것이고, 또한 그것들은 실로 자네를 마치 승리자처럼 기리는 찬가, 즉 자네가 그런 애인을 얻어 냈다는 찬가가 될 것이니까 말일세. 그렇지만 그가 자네에게서 달아나 버린다면, 자네가 애인에 대해 말한 찬사들이 더 대단한 것일수록 자네는 그만큼 더 멋있고 훌륭한 것들[29]을 빼앗긴 자가 되어 우습게 보이게 될 것이네. 그러니 친구여,[30] 사랑(연애)에 관한 일들에 있어서 지혜로운 자는 누구든지 자기가 사랑(연애)하는 자[31]를 낚아채기 전까지는 장차 일이 어떻게 될지 염려되어 그를 칭찬하지 않는다네. 그리고 동시에 잘생긴 자들은, 누군가가 그들을 칭찬하고 추켜세울 때면, 자만심과 도도함으로 가득 차게 된다네. 자네는 그렇게 생각하지 않나?" 내가 말했네.

"그렇게 생각하고말고요." 그가 말했네.

"그렇다면 그들이 더 도도해질수록 그만큼 더 잡기 어렵게 되지 않나?"

"그럴 것 같긴 하네요."

"그러면 사냥을 하면서 사냥감이 놀라 달아나도록 해서 더 잡기 어렵게 만드는 자가 있다면, 자네가 보기에 그는 어떤 사냥꾼일 것 같은가?"

b "분명히 형편없는 사냥꾼이죠."

"그럼 이 경우에도 말과 노래로 홀리기는커녕 오히려 사납게 만드는 건 시가를 정말 모르는 것이겠네. 그렇지 않은가?"

"제게는 그렇게 생각됩니다."

"그럼 부디, 히포탈레스, 자네의 시 짓는 일 때문에 자네 자신이 이런 모든 일들에 휘말리게 되는 일이 없도록 유의하게. 그리고 정말이지, 나로서는 시 짓는 일로 자신에게 해를 끼치는 사람이 훌륭한[32] 시인이라는 것에 자네가 동의할 의향이 없을 거라고 생각하네. 그가 자신에게 해로운 자인 한은 말일세."

"제우스 신께 맹세코, 동의하지 않습니다. 그건 아주 불합리한

c 일일 테니까요. 아니, 소크라테스 선생님, 실은 바로 이것들 때문에 저는 선생님과 함께 의논하고 있는 것입니다. 그러니 누군가가 무슨 말을 나누면 혹은 무엇을 행하면 소년 애인에게 사랑받을 수 있는지에 대해 뭔가 다른 생각을 갖고 계신다면, 조언해

30

주십시오." 그가 말했네.

"그건 말하기가 그리 쉽지 않은 일이네. 하지만 자네가 나를 위해, 그가 나와 논의를 나누게 되도록 해 줄 양이면, 아마도 나는, 자네가 말하고 노래한다고 이 사람들[33]이 주장하는 것들 대신에 자네가 그와 무슨 대화를 나누어야 할지 자네에게 시범을 보여 줄[34] 수 있을지도 모르네." 내가 말했네.

"아, 그건 전혀 어려운 일이 아닙니다. 제 생각에 선생님께서 여기 이 크테시포스와 함께 들어가 앉아서 대화를 나누고 계시면, 그도 스스로 선생님께 다가올 테니까요. 소크라테스 선생님, 그는 유독 논의 듣기를 좋아하는 사람[35]이거든요. 또 마침 헤르마이아 축제[36]를 거행하고 있는 터라 젊은이들과 아이들이 같은 곳에 뒤섞여 있습니다. 그러니까 그는 선생님에게로 다가올 겁니다. 그런데 만일 그가 다가오지 않더라도 상관없습니다. 그는 크테시포스와 친합니다.[37] 크테시포스의 사촌 메넥세노스를 중간 다리 삼아서 말입니다. 그가 실은 다른 누구보다도 가장 메넥세노스와 친한 동료거든요. 그러니 그가 스스로 다가오지 않기라도 할라치면, 여기 이 크테시포스가[38] 그를 부르게 하십시오." 그가 말했네.

"그렇게 해야겠네." 내가 말했네. 그리고 나는 곧바로 크테시포스를 데리고 그 레슬링 도장으로 들어갔고, 다른 사람들은 우리 뒤를 따라왔네. 그런데 우리가 들어갔을 때 그곳에서 아이들은 벌써 제물을 바치고 난 후였고, 제사 의식[39]도 이미 거의 끝난 상태에서 주사위 놀이를 하고 있었는데, 모두 잘 차려 입고 있더군. 그런데 많은 아이들이 바깥마당에서 놀고 있었지만, 몇몇은 탈의실 구석에서 아주 많은 주사위들[40]을 어떤 작은 바구니들로부터 골라 꺼내어 그것들을 가지고 홀짝 놀이를 하고 있었네. 그리고 바로 이 아이들 주변에 다른 아이들이 빙 둘러서서 구경하고 있었네. 바로 그 구경하는 아이들 가운데 그 뤼시스도 있더

207a 군. 그런데 그는 화관을 쓴 채 아이들과 젊은이들 속에 서 있었고, 외관[41]이 출중했네. 그저 '멋있는 자'라는 말만이 아니라 '멋있고 훌륭한 자'[42]라는 말을 들을 만했네. 우리는 맞은편으로 물러가 앉아서 (거기가 한적했거든) 서로 뭔가 대화를 나누기 시작했네. 그랬더니 뤼시스가 자꾸 고개를 돌려 우리를 쳐다보았는데, 우리에게 다가오고 싶어 하는 기색이 역력했네. 그런데 그는 한동안 망설이면서 혼자서 다가오기를 주저하고 있었네. 그러다

b 메넥세노스가 마당에서 놀다가 들어왔고, 나와 크테시포스를 보자, 와서 곁에 앉았네. 그러자 뤼시스가 그를 보고는 따라와서 메넥세노스와 함께 우리 곁에 앉더군. 그러자 다른 사람들도 다가왔지만, 특히 히포탈레스가 다가왔네. 그는 꽤 많은 사람들이 주변에 서 있는 것을 보고는, 이 사람들을 방패막이로 삼아서, 뤼시스가 보지 못하리라고 생각하는 곳으로 와 섰네. 그를 언짢게 하지나 않을까 두려웠던 거지. 그러고는 그렇게 서서 듣고 있

었네.

그러자 내가 메넥세노스 쪽을 쳐다보고 말했네. "데모폰의 아   c
들이여, 자네들 둘 가운데 누가 더 손위인가?"[43]

"우리는 그 문제를 놓고 다투고 있습니다." 그가 말했네.

"그렇다면 둘 가운데 누가 더 출신이 좋은지에 대해서도 다툼
이 있겠군." 내가 말했네.

"물론 그렇습니다." 그가 말했네.

"그러면 둘 가운데 누가 더 잘생겼는지에 대해서도 물론 마찬
가지겠군."

그랬더니 그들 둘 다 웃음을 터뜨리더군.

"자네들 둘 가운데 누가 더 부자인지에 대해서만은 묻지 않겠
네. 자네들 두 사람은 친구니까 말일세. 안 그런가?" 내가 말했
네.

"물론 그렇습니다." 그들 두 사람이 말했네.

"그렇다면, 친구들의 것이야말로 공동의 것이라고 이야기되니
까,[44] 바로 이 점에서는 자네들 두 사람은 전혀 차이가 없을 것이
네. 두 사람이 자네들의 사랑(친애)[45]에 관해서 진실을 말하고 있
다면 말일세."

그들 두 사람은 동의했네.

그때 나는 이것 다음으로 그들 두 사람 가운데 누가 더 정의롭   d
고 더 지혜로운지를 물으려 하고 있었네. 그런데 그러는 중에 누

군가가 다가와서는 레슬링 도장의 체육 선생이 부른다고 말하면서 메넥세노스를 일어나게 하더군. 그가 제사 드리는 일[46]을 맡고 있는 거라는 생각이 들었네.[47]

그래서 그는 떠나가 버렸고, 나는 뤼시스에게 묻기 시작했네. "정말로,[48] 뤼시스, 자네 아버지와 어머니는 자네를 아주 사랑하지?[49]" 내가 말했네.

"물론 그렇습니다." 그가 말했네.

"그렇다면 그들은 자네가 가능한 한 행복해지기를 원하겠지?[50]"

e　　"안 그러실 리가 있겠습니까?"

"그런데 어떤 사람이 종노릇하고 있다면, 또 하고자 하는[51] 일들 가운데 아무것도 할 수 없다면, 그 사람이 행복할 거라고 자네는 생각하는가?"

"제우스 신께 맹세코, 저로서는 그렇게 생각하지 않습니다." 그가 말했네.

"그렇다면 자네 아버지와 어머니가 자네를 사랑하고 자네가 행복해지기를 바란다면,[52] 자네가 행복해질 수 있도록 하는 데 열심이라는 것은 어떤 식으로도 분명하네."

"어찌 아니겠습니까?" 그가 말했네.

"자, 그렇다면 그들은 자네가 원하는 일들을 하도록 허락하고,

자네가 하고자 하는 일들이 무엇이든지 자네가 그 일들을 하는 것에 대해 전혀 야단치지 않고 막지도 않겠네?"

"웬걸요, 소크라테스 선생님, 제우스 신께 맹세코, 그분들은 다름 아닌[53] 바로 저를, 그것도 아주 많은 것들을 못하게, 막습니다."

"무슨 말인가? 그들은 자네가 행복하기를 원하면서도, 자네가 208a 원하는 일을 하지 못하게 막는다는 말인가? 자, 그럼 다음과 같은 것에 대해 내게 말해 주게. 경주가 벌어지고 있을 때, 자네가 고삐를 쥐고 자네 아버지의 마차들 중 하나에 타고자 한다면, 그들은 자네가 그러도록 허용하지 않고 막겠는가?" 내가 말했네.

"물론, 제우스 신께 맹세코, 그분들은 허용하지 않을 겁니다." 그가 말했네.

"아니, 그러면 누구에게 허용하겠는가?"

"아버지에게서 보수를 받고 일하는 전차몰이꾼이 있지요."

"무슨 말인가? 그들이 자네에게 맡기기보다 오히려 보수를 받고 일하는 자에게 맡겨서, 말들과 관련하여 무엇이든 원하는 일을 행하도록 하고, 또 게다가 바로 그것에 대해 돈을 지불하기까 b 지 한다고?"

"물론 그렇습니다." 그가 말했네.

"하지만 내 생각에는 그들이 노새를 다스리는 일은 자네에게 맡기고, 또 자네가 채찍을 갖고 때리기를 원한다고 해도 아마 허용할 것 같은데."

"어찌 허용하겠습니까?" 그가 말했네.

"뭐라고? 아무도 그것들을 때릴 수 없다는 건가?" 내가 말했네.

"물론 확실히 때릴 수 있지요, 노새몰이꾼은요." 그가 말했네.

"그는 노예인가, 아니면 자유인인가?"

"노예입니다." 그가 말했네.

"그렇다면 그들은 아들인 자네보다 노예를 더 대단히 가치 있게 여기고, 또 자네보다도 오히려 그에게 자신들의 것을 맡기며 원하는 바가 무엇이든 그것을 하도록 허용하지만, 자네가 하는 것은 막는 것으로 보이는구만. 그러면 내게 다음의 것도 계속 말해 주게. 그들은 자네 스스로 자네 자신을 다스리도록 허용하는가, 아니면 이것도 자네에게 안 맡기는가?"

"도대체 어떻게 맡기겠습니까?" 그가 말했네.

"아니, 그럼 누가 자네를 다스리는가?"[54]

"여기 이 사람, 제 보호자[55]가 하지요." 그가 말했네.

"그는 노예는 아니겠지?"

"웬걸요, 물론 노예입니다. 바로 우리 노예죠." 그가 말했네.

"정말 심하군, 자유인인 사람을 노예가 다스리다니 말이야. 그런데 이 보호자의 경우는 무엇을 하면서 자네를 다스리는가?" 내가 말했네.

"물론 제 선생님 댁에[56] 데려다 주면서죠." 그가 말했네.

"설마 이 사람들도 자네를 다스리는 건가? 자네 선생들 말일세."   d

"웬걸요,[57] 당연히 다스리지요."

"그렇다면 자네 아버지는 하고많은 주인들과 다스리는 자들을 일부러 자네 위에 세워 두는 것이네. 그렇지만 자네가 집에 왔을 때, 그러니까 옷감을 짜고 있는 어머니 곁에 왔을 때, 어머니는 자네가 행복해지도록 하려고 자네가 원하는 것이면 무엇이든지 (그것이 털실에 관한 일이든, 아니면 베틀에 관한 일이든) 하라고 허용하겠지? 아마도 자네가 베틀의 바디이든 북이든 아니면 털실 잣는 일에 관련된 도구들 가운데 다른 어떤 것이든 만지는 걸 어머니는 조금도 막지 않으리라고 보는데."

그러자 그가 웃음을 터뜨리고는 말했네. "제우스 신께 맹세코,   e
소크라테스 선생님, 그냥 막는 정도로 끝나는 게 아니라, 제가 만지면 맞을 수도 있습니다."

"원, 세상에![58] 설마 자네가 아버지나 어머니에게 조금이라도 못된 일을 한 적이 있나?" 내가 말했네.

"제우스 신께 맹세코, 저로서는 그런 적이 없습니다." 그가 말했네.

"그런데 그분들이 자네가 행복해지는 것을, 그리고 자네가 원하는 것이면 무엇이든지 하는 것을 그토록 지독스럽게 막는 건 도대체 무엇 때문인가? 또 하루 온종일 내내 자네가 누군가에게 종노릇하도록 하면서, 그러니까 한마디로 말해, 자네가 하고자 하는 일들 가운데 사실상 아무것도 하지 못하도록 하면서 자네를 키우는 건 대체 무엇 때문인가? 그로 인해, 자네는 재물이 그렇게 많지만 그로부터 아무런 이득도 얻지 못하고, 자네 아닌 다른 모든 사람들이 그 재물을 다스리고 있으며, 또한 자네 몸이 그렇게 귀티가 나도 그로부터도 자네는 아무런 이득을 얻지 못하고, 몸 역시 다른 사람이 보살피며 돌보고 있는 것으로 보이네. 반면에 뤼시스, 자네는 아무것도[59] 다스리지 못하고, 또 자네가 하고자 하는 일을 아무것도 하지 못하고 있네."

"그건 제가 아직 나이가 안 차서 그렇습니다, 소크라테스 선생님." 그가 말했네.

"데모크라테스의 아들이여,[60] 나이가 안 찼다는 게[61] 자네를 막고 있는 건 아니지 싶네. 내 생각에는 적어도 다음과 같은 것만큼은 아버지도 어머니도 자네가 나이가 찰 때까지 기다리지 않고 자네에게 맡기니까 말이네. 즉 그분들이 자신들을 위해 누군가가 뭔가를[62] 읽거나 써 주기를 원할[63] 때면, 내 생각에는 집안에 있는 사람들 가운데 자네에게 제일 먼저 이런 일을 시킬 테니 말일세. 그렇지 않은가?"

"물론 그렇습니다." 그가 말했네.

"그렇다면 이 경우에 자네는 글자들 중에서 무엇을 먼저 쓰고 무엇을 두 번째로 쓰기를 원하든 그렇게 할 수 있으며, 또 읽는 경우에도 마찬가지로 그럴 수 있네. 그리고 내 생각에 자네가 뤼라를 집어 들었을 때는 아버지도 어머니도 자네가 현들 가운데서 원하는 어떤 현이든 짚거나 놓는[64] 것을 막지 않고, 손가락으로 뜯거나 채로 치는[65] 것을 막지도 않네. 아니면 막나?"

"물론 안 막습니다."

"그렇다면, 뤼시스, 그들이 이런 경우에는 자네를 막지 않는데, 아까 전에 우리가 말했던 일들에서는 막는 까닭이 도대체 뭔가?"

"제 생각에 그건, 이것들은 제가 할 줄 아는데, 앞에 이야기한[66] 저것들은 할 줄 모르기 때문입니다." 그가 말했네.

"그래 좋아, 아주 훌륭한 사람. 그렇다면 자네 아버지는 자네가 나이가 차기를 기다려 모든 걸 맡기는 게 아닐세. 오히려 자신보다 자네가 더 사리 분별을 잘한다[67]고 그가 생각하게 되는 바로 그 날, 자신도 그리고 자신의 것들도 자네에게 맡길 것이네." 내가 말했네.

"저 자신도 바로 그렇게 생각합니다." 그가 말했네.

"그래 좋아, 그러면 이건 어떤가? 자네에 관해 자네 아버지가 갖고 있는 것과 똑같은 기준을 자네 이웃 사람도 갖고 있지 않은가? 집안일에 관해 자신보다 자네가 더 사리 분별을 잘한다고 그가 생각하게 될 때, 자네에게 자신의 집안을 건사하도록 맡길 것이라고 생각하는가, 아니면 그 자신이 관장할 것이라고 생각하는가?" 내가 말했네.

"제게 맡길 것이라고 생각합니다."

"그러면 이건 어떤가? 아테네 사람들은 자네가 사리 분별을 충분히 잘한다고 느낄 때, 자신들의 일을 자네에게 맡길 것이라고 생각하지 않는가?"

"저로서는 그렇게 생각합니다."

"제우스 신이 보는 앞에서 묻겠는데, 그렇다면 대왕(大王)[68]은 어떤가? 고기 요리를 할 때 소스에 무엇을 넣기를 원하든 그것을 그는 자기 맏아들에게 (장차 아시아[69]의 지배권이 그의 것인데 말일세) 맡기겠는가, 아니면 우리에게 맡기겠는가? 우리가 그의 곁으로 다가가서 우리들 자신이 그의 아들보다 음식 준비에 관해 더 훌륭하게 사리 분별을 한다는 걸 그에게 보여 주게 된다면 말일세." 내가 말했네.

"분명히 우리에게 맡기겠죠." 그가 말했네.

"그리고 바로 그 아들에게는[70] 조금도 넣는 것을 허용하지 않는 데 반해, 우리에게는 심지어 우리가 소금을 한 움큼 집어서 넣기를 원하더라도, 그것을 허용할 것이네."

"어찌 아니겠습니까?"

"그의 아들이 눈이 아프다면 어떤가? 아들이 의술에 능한 자가 아니라고 생각한다면, 아들이 자기 눈을 만지는 것을 허용하겠는가, 아니면 막겠는가?"

"막겠죠."

"그런데 우리가 의술에 능한 자들이라고 그가 생각한다면, 심지어 우리가 그 아들의 눈을 벌려서 재를 뿌리기를 원하더라도, 내 생각에 그는 우리가 올바로 사리를 분별하고 있다고 생각해서 막지 않을 것이네."

"맞는 말씀이십니다."

"그러면 그는 다른 모든 것들(즉 그것들에 관해서 그가 보기에 그 자신이나 아들보다 우리가 더 지혜로운 것들)도, 자기들보다는 오히려 우리에게 맡기겠지?"

"그럴 수밖에요, 소크라테스 선생님." 그가 말했네.

"그렇다면 실상은 이러하네, 친애하는[71] 뤼시스. 우리가 어떤 b
일들에 대해 분별 있는[72] 자가 될 때, 그런 일들은 모든 사람들이 (그리스인이든 이방인이든, 남자든 여자든 간에) 우리에게 맡길 것이고, 그 일들에 있어서 우리는 (하기를) 원하는 것이면 무엇이든지 할 것이며, 아무도 일부러 우리를 방해하지 않을 것이네. 오히려 우리는 그 일들에 있어 우리 자신이 자유로운 자이면서 또한 다른 사람들을 다스리는 자가 될 것이고, 또 그 일들은 우리 것이 될 것이네. 그 일들로부터 우리가 득을 볼 테니까 말일세. 반면에 우리가 분별력[73]을 갖지 못하게 되는 것들에 대해서는 어느 누구도 그 일들에 관해서 우리에게 좋다고 생각하는 대로 하

c 도록 맡기기는커녕 모든 사람들이, 그러니까 남들만이 아니라 우리 아버지나 어머니, 또 이들보다 우리에게 더 가까운 어떤 자[74]가 있다면 그도, 할 수 있는 한 방해할 것이네. 그래서 우리들 자신은 그 일들에 있어 다른 사람들의 말을 듣고 따르는 자가 될 것이고, 또 우리에게 그 일들은 남의 것이 될 것이네. 그 일들로부터 우리가 아무런 득도 보지 못할 테니까 말일세. 그렇다는 데 동의하나?" 내가 말했네.

"동의합니다."

"그렇다면 어떤 일들에 대해 우리가 쓸모없을 때, 그런 일들에 있어서 우리가 누군가에게 친구[75]가 되고 누군가가 그 일들에 있어서 우리를 사랑하게 될 것인가?"

"물론 아닙니다." 그가 말했네.

"자, 그러면, 이제 보니 자네 아버지도 자네를 사랑하지 않고, 그리고 다른 누구도 다른 누군가를 사랑하지 않네. 그가 쓸모없는 한은 말일세."

d "그럴 것 같습니다." 그가 말했네.

"그렇다면 자네가 지혜롭게 되면, 자네가 쓸모 있고 훌륭한 자일 테니까 모든 사람들이 자네에게 친구[76]이고, 또 모든 사람들이 자네에게 가까운 자일 것이나, 그렇지 않으면 자네 아버지도 어머니도 자네 친척들[77]도 그리고 다른 어느 누구도 자네에게 친구[78]가 아닐 것이네. 그런데, 뤼시스, 누군가가 아직 제대로 생각을 못하고 있는 것들에 대해 (자신을) 대단하게 생각할 수 있는 가?[79]"

"도대체 어떻게 그럴 수 있겠습니까?[80]" 그가 말했네.

"그런데, 이것 보게, 자네가 선생을 필요로 한다면, 자네는 아직 제대로 생각을 못하고 있는 것이네."

"맞습니다."

"그렇다면 자넨 대단한 생각을 가진 자도 아닌 거네. 아직 제대로 된 생각이 없다면 말일세.[81]"

"제우스 신께 맹세코, 소크라테스 선생님, 아니라고 저는 생각합니다." 그가 말했네.

그때 나는 그의 말을 듣고 히포탈레스 쪽을 바라보았는데, 거의 실언을 할 뻔했네. 이렇게 말할 생각이 나에게 들었거든. "히포탈레스, 소년 애인과 대화를 나눌 때는 바로 이런 방식으로 해야 하네.[82] 자네가 하듯이 애인을 추켜세워서 우쭐하게 만들 게 아니라 깎아내려서 위축시켜야 한다는 말일세"라고. 그런데 우리가 논의한 것들로 인해 그가 괴로워하고 혼란스러워하는 것을 보고, 나는 그가 근처에 서 있으면서도 뤼시스가 눈치채지 못하기를 바라고 있다는 것을 다시 떠올렸네. 그래서 나 자신을 다잡고 그 말을 하려던 것을 멈추었네.

그리고 그러는 중에 메넥세노스가 다시 와서는 뤼시스 곁, 자기가 일어났던 자리로 가 앉더군. 그러자 뤼시스가 아주 귀엽고

e

211a

친근하게 작은 목소리로 메넥세노스 모르게 나에게 속삭여 말했네. "소크라테스 선생님, 제게 말씀하고 계시던 것들을 메넥세노스에게도 말씀해 주시지요."

그러자 내가 말했지. "그것들이라면 자네가 직접 그에게 말할 수 있네, 뤼시스. 자네가 온통 주의를 기울이고 있었으니 말일세."

"물론 그랬습니다." 그가 말했네.

b "그러니 이제 그것들을 할 수 있는 한 잘 기억해 내도록 해 보게. 자네가 이 사람에게 그것들 전부를 분명하게 말해 줄 수 있도록 말일세. 그런데 만일 그것들 가운데 어떤 것을 자네가 잊어버리게 되면, 나를 만나게 될 때 곧바로, 나에게 다시 묻도록 하게." 내가 말했네.

"아, 그건 물론 그렇게 할 겁니다, 소크라테스 선생님, 아주 틀림없이 말입니다. 염려 놓으십시오. 그건 그렇고, 뭔가 다른 것을 그에게 말씀해 주십시오. 집에 갈 시간이 될 때까지 저도 듣게 말입니다." 그가 말했네.

"아, 물론 그렇게 해야지. 그러라고 자네도 권하니 말일세. 하지만 메넥세노스가 나를 논박하려 할 때는 옆에서 꼭 좀 거들어 주게. 그가 논쟁에 능하다는 걸 알지 않는가?[83]" 내가 말했네.

c "물론, 제우스 신께 맹세코, 아주 잘 알지요. 정말이지, 선생님이 그와 대화를 나누기를 제가 바라는 것도 바로 그것 때문입니

44

다." 그가 말했네.

"내가 웃음거리가 되라고 말인가?" 내가 말했네.

"제우스 신께 맹세코, 그렇지 않습니다. 그게 아니고 선생님이 그를 혼내 주시라는[84] 거죠." 그가 말했네.

"어떻게 말인가? 그건 쉬운 일이 아니라네. 이 사람은 무서운[85] 사람이니까. 크테시포스의 제자이지. 그런데 또, 이보게, 바로 그 사람이 몸소 여기 와 있네. 안 보이나? 크테시포스가 말일세." 내가 말했네.

"소크라테스 선생님, 선생님은 아무에게도[86] 신경 쓰지 마시고 어서 그와 대화를 나누십시오." 그가 말했네.

"대화를 나누어야지." 내가 말했네.

그런데 우리가 서로 이런 말들을 하고 있을 때 크테시포스가 말했네. "왜 두 분은 두 분끼리만 잔치를 즐기고, 우리를 논의에 끼워 주지 않으십니까?"

"아니, 물론 끼워 주어야지. 안 그래도 여기 이 사람이 내가 말하고 있는 것들 가운데 어떤 것을 이해하지 못하고 있고 오히려 메넥세노스는 안다고 생각한다면서 그에게 물어보라고 권하고 있던 참이네.[87]" 내가 말했네.

"그렇다면 왜 그에게 물어보시지 않습니까?" 그가 말했네.

"아니, 물어볼 거네. 자, 내게 말해 주게, 메넥세노스, 내가 자네에게 묻는 것이 무엇이든 그것에 대해서 말일세. 어릴 때부터 나는 어떤 소유물을 얻기를 바라고[88] 있네. 각자가 제각각의 소유물을 바라듯이 말일세. 즉 어떤 사람은 말들을 얻어 가지기를 바라고, 다른 어떤 사람은 개들을, 또 다른 어떤 사람은 황금을, 그리고 또 다른 어떤 사람은 명예를 얻어 가지기를 바라니 하는 말이네만, 나로서는 이런 것들에는 담담하지만, 친구들을 소유하는 데는 아주 연연하네.[89] 그리고 나는 인간 세상에서 가장 좋은 메추라기나 수탉보다도,[90] 또 나로서는, 제우스 신께 맹세코, 말과 개보다도 오히려 훌륭한 친구[91]가 내게 생기기를 원한다네. 그리고 내 생각에, 개에 맹세코,[92] 나는 다레이오스[93]의 황금보다 훨씬 우선하여 동료를, 그리고 다레이오스 자신보다도 오히려 동료를,[94] 얻는 쪽을 택할 것이네. 그 정도로 나는 동료를 사랑하는[95] 사람이라네. 그래서 자네들, 즉 자네와 뤼시스를 보면서, 나는 자네들 두 사람이 그토록 젊으면서도 바로 이런 소유물을 빨리, 또 쉽게 얻어 가질 수 있다는 데 대해 경탄해 마지않으며, 또 자네들이 행복하다고 여기네. 자네는 이 사람을, 또 이 사람도 자네를 빨리, 그러면서도 철저하게, 그토록 친한 자로 얻어 냈으니 말일세.[96] 그런데 나 자신은 그 소유물로부터 아주 멀리 떨어져 있어서 어떤 방식으로 한 사람이 다른 사람의 친구가 되는지도 알지 못하고, 오히려 바로 이것들을 자네에게 묻고자 하네. 자네가 경험자니까. 자, 그러니 내게 말해 주게. 누군가가 누군가를 사랑할 때, 두 사람 중 누가 누구의 친구가 되는가? 사랑하는 자가 사랑받는 자의 친구가 되는가, 아니면 사랑받는 자가 사랑하는 자의 친구가 되는가? 아니면 별반 차이가 없는가?" 내가 말했네.

"적어도 제게는 별반 차이가 없다고 생각됩니다." 그가 말했네.

"무슨 말인가? 아니, 그럼 한 사람이 다른 한 사람을 사랑하기만 하면, 두 사람 모두 서로의 친구가 되는가?" 내가 말했네.

"적어도 제게는 그렇게 생각됩니다." 그가 말했네.

"뭐라고? 사랑하는 자가 자기가 사랑하는 자에게서 사랑을 되받지 못할 수도 있지 않은가?"

"그럴 수 있습니다."

"그럼 이건 어떤가? 사랑하는 자가 자기가 사랑하는 자에게서[97] 심지어 미움을 받을 수도 있는가? 아마 사랑(연애)하는 자들도 자기 소년 애인과의 관계에서 때때로 그런 일을 겪는 것으로 보이네. 그들이 최선을 다해 사랑해도 그들 중 일부는 사랑을 되받지 못하고 있다고 생각하고, 또 다른 일부는 미움을 받기까지 한다고 생각하니까 말일세. 아니면 자네에게는 이것이 사실이라고 생각되지 않나?"

"그야말로 아주 사실이라고 생각됩니다." 그가 말했네.

"그렇다면 이런 경우에 한 사람은 사랑하고, 다른 한 사람은 사랑을 받는 것이지?" 내가 말했네.

"예."

"그럼 그들 둘 중 누가 누구의 친구인가? 사랑하는 자가 사랑받는 자의 친구인가(그가 사랑을 되받든,[98] 아니면 미움을 받기까지 하든 간에 말일세), 아니면 사랑받는 자가 사랑하는 자의 친구인가? 아니면 다시 이런 경우에는 둘 다 서로를 사랑하지 않으면, 둘 중 아무도 다른 한쪽의 친구가 아닌 것인가?"

d   "어쨌거나 후자인 것 같습니다."

"그렇다면 이제 우리는 앞서 생각했던 것과 다르게 생각하고 있는 것이네. 그때는 둘 중 한 사람이 사랑하면 둘 다 친구라고 생각했지만, 이제는 둘 다 사랑하지 않으면 둘 중 아무도 친구가 아니라고 생각하고 있으니까 말일세."

"그런 것 같습니다." 그가 말했네.

"그렇다면 사랑하는 자에게는 사랑을 되주지 않는다 싶은 어떤 것도 친구[99]가 아니네."

"아닌 것 같습니다."

"그렇다면 말들이 그들에게 사랑을 되주지 않는다면 그런 자들은 말을 사랑하는 자가 아니고, 메추라기를 사랑하는 자들도 그렇고, 또 개를 사랑하는 자들과 포도주를 사랑하는 자들과 체육을 사랑하는 자들도 그렇고, 또 지혜를 사랑하는 자들도 그러하네. 지혜가 그들에게 사랑을 되주지 않는다면 말일세. 아니면

e   그들 각각이 이것들을 사랑하지만, 이것들은 그들에게 친구가 아니며,[100] 오히려 다음과 같이 말한 시인이 거짓을 말하고 있는

48

것인가?

행복한 자이다. 그에게 친구인[101] 아이들[102]과 통 발굽을 가진 말들과
사냥개들과 타지에 사는 이방인 친구[103]가 있는 자는.[104]"

"적어도 제게는 그렇지 않다고 생각됩니다." 그가 말했네.

"그게 아니라 그가 진실을 말하고 있다고 자네에게는 생각되
는가?"

"예."

"그렇다면 메넥세노스, 사랑받는 것이 사랑하는 자에게 친
구[105]인 것 같네. 사랑받는 것이 사랑하든,[106] 아니면 미워하기까
지 하든 말일세. 말하자면 갓난아이들도 어떤 애들은 아직 사랑 213a
하지 않고, 또 다른 어떤 애들은 그 어머니나 아버지에게 야단맞
을 때면 심지어 미워하기까지 하는데, 그럼에도 불구하고 심지
어 미워하기까지 하는 바로 그때에도, 그들은 부모들에게는 무
엇보다도 가장 친구라네.[107]"

"적어도 제게는 그렇다고 생각됩니다." 그가 말했네.

"그렇다면 이 말에 따르면 사랑하는 자가 친구가 아니라 사랑
받는 자가 친구이네."

"그런 것 같습니다."

"그렇다면 또한 미워하는 자[108]가 아니라 미움받는 자가 적이네."

"그렇게 보입니다."

"그렇다면 이것 보게, 많은 사람들이 적들에 의해 사랑받고 친
b　구들에 의해 미움받으며, 적들에게는 친구지만 친구들에게는 적
이네. 사랑하는 것이 아니라 사랑받는 것이 친구(인 것이)라면 말
일세. 그런데 말이네, 친애하는 벗이여,[109] 자기 친구에게 적이고
적에게 친구라는 건 아주 불합리하네. 아니, 오히려 내 생각에는
불가능하기까지 한 일이네."

"맞는 말씀이신 것 같네요, 소크라테스 선생님." 그가 말했네.

"그럼 이것이 불가능한 일이라면, 사랑하는 것이 사랑받는 것
의 친구가 될 것이네."

"그렇게 보입니다."

"그렇다면 다시 미워하는 것이 미움받는 것의 적이네."

"그래야만 합니다."

"그렇다면 우리는 앞서의 것들에 대해서 했던 것과 똑같은 합
c　의를 할 수밖에 없게 될 것이네. 즉 친구 아닌 것의 친구가 있는
경우가 자주 있고, 심지어 적의 친구마저 있는 경우가 자주 있는
데, 누군가가 자신을[110] 사랑하지 않는 것을 사랑하거나 아니면
심지어 자신을 미워하기까지 하는 것을 사랑할 때가 바로 그런
경우라는 것, 그리고 적 아닌 것의 적이 있거나 심지어 친구의
적마저 있는 경우도 자주 있는데, 누군가가 자신을 미워하지 않
는 것을 미워하거나[111] 아니면 심지어 자신을 사랑하는 것까지도

미워할 때가 바로 그런 경우라는 것 말일세."

"그럴 것 같습니다." 그가 말했네.

"그러면 우리는 이걸 도대체 어떻게 다루어야 하지? 사랑하는 사람들도, 사랑받는 사람들도, 사랑하기도 사랑받기도 하는 사람들도 친구가 아니고, 오히려 이것들 말고 아직 서로에게 친구가 되는 다른 어떤 사람들이 있다고 우리가 말하게 된다면 말일세." 내가 말했네.

"제우스 신께 맹세코, 소크라테스 선생님, 저로서는 전혀 길을 찾지 못하겠습니다.[112]" 그가 말했네.

"메넥세노스, 설마 우리가 전혀 올바르지 않은 방법으로 탐색 d 하고 있었던 건 아니겠지?" 내가 말했네.

"적어도 제가 보기에는 그랬습니다, 소크라테스 선생님" 하고 뤼시스가 말했네.

그리고 이 말을 하는 바로 그 순간에 그는 얼굴이 붉어지더군. 논의되고 있는 것들에 너무 주의를 기울인 나머지 무심결에 말이 헛나와서 그런 것으로 보였네. 듣고 있는 동안에도 계속 그랬던 게 분명했네.

그래서 나는 메넥세노스를 쉽게 해 주고 싶기도 하고, 또 뤼시스[113]의 지혜에 대한 사랑에 즐거워지기도 해서, 이번에는 그 대 e 신 뤼시스를 상대로 논의를 하게 되었네. 내가 말했지. "뤼시스,

우리가 올바르게 고찰하고 있다면 도대체 이렇게 헤매고 있지는 않을 것이라는 자네 말은 맞는 말이라고 생각하네. 하지만[114] 이 쪽으로는 더 이상 가지 마세. 내가 보기에 그런 고찰[115]은 더군다나 다소 험난한 길인 것 같기도 하니 말일세. 대신 우리가 방향을 돌려 벗어났던 그곳에서 시인들을 따라 숙고하면서[116] 계속

214a 가야 할 것으로 생각되네. 이 사람들은 우리에게, 말하자면 지혜의 아버지이자 인도자이기도 하니까 말일세. 그리고 그들이 친구들이 누구인지에 관해 말하면서 밝혀 주고 있는 것은 분명 하찮은 게 아니네. 오히려 그들이 하는 말에 따르면, 신 자신이 그들을 서로에게로 이끌어 주어서 친구로 만든다고 하네. 내 생각에 그들은 대체로 다음과 같은 방식으로 이런 말들을 하고 있네. 즉

실로 언제나 신은 비슷한 사람을 비슷한 사람에게로 이끈다[117]

b 라고, 그래서 그를 지인(知人)으로 만들어 준다고 말일세. 아니면 자네는 이 시행(詩行)을 접해 본 적이 없나?"

"접해 본 적이 있습니다." 그가 말했네.

"그렇다면 바로 이와 똑같은 말을 하는, 즉 비슷한 것이 비슷한 것에게 언제나 친구일 수밖에 없다고 말하는, 아주[118] 지혜로운 자들의 저술도 접해 본 적이 있겠지? 그런데 이들은 물론 자

연과 우주[119]에 관해 논의를 나누고 저술을 하는 사람들이네.[120]"

"맞는 말씀입니다." 그가 말했네.

"그런데 그들은 잘 말하고 있는 건가?" 내가 말했네.

"아마 그럴 겁니다." 그가 말했네.

"아마 그 말의 절반은 그럴 거네. 아니면 아마 실은 전부가 다 그런데, 우리가 이해를 못하고 있는 것일 수도 있고 말이야. 우리가 생각하기에 악한 자야말로 악한 자에게 더 가까이 다가가면 갈수록, 그리고 더 많이 사귀게 되면 될수록 그만큼 더 미운 자가 되니 말일세. 그가 해를 주니까. 그런데 해를 주는 자들과 해를 당하는 자들은 아마 친구가 될 수 없네. 그렇지 않은가?" 내가 말했네.

"그렇습니다." 그가 말했네.

"그럼 이제 이런 식으로, 그 말의 절반은 참이 아닐 것이네. 악한 자들이 서로에게 비슷한 자들이라면 말일세."

"맞는 말씀입니다."

"하지만 내가 보기에 그들이 하는 말은, 훌륭한 자들은 서로 비슷하고 친구인 데 반해 나쁜 자들은 (그들에 관해 흔히 이야기들을 하고 있는 게 바로 이것이기도 한데) 도대체 서로[121] 비슷하지 않고 심지어 그들 자신이 자신들과 비슷하지도 않으며, 오히려 변덕스럽고 불안정하다는 것이네. 그리고 그 자체가 자신과 비슷하지 않고 어긋나 있는 것은 다른 어떤 것과 비슷하거나 친구가 되는 일이 좀처럼 없을 것이네. 자네에게도 그렇게 보이지 않는가?"

"제게도 그렇게 보입니다." 그가 말했네.

"그럼 이제, 벗이여, 내가 보기에는 비슷한 것이 비슷한 것에게 친구라고 말하는 자들은 바로 이것을 암시하고 있는 것이네. 즉 훌륭한 자만이 오직 훌륭한 자에게만 친구인 반면, 나쁜 자는 훌륭한 자와도 나쁜 자와도 도대체 참된 사랑으로 들어가지 못한다는 거지. 자네도 생각을 같이하는가?"

그가 고개를 끄덕였네.

"그렇다면 이미 우리는 누가 친구들인지를 말할 수 있는[122] 것이네. 누구든 훌륭하기만 하면 그들이 바로 친구들이라는 것을 우리 논의가 보여 주고 있으니 말일세."

"정말 그렇다고 생각됩니다." 그가 말했네.

"내게도 그렇게 생각되네. 그렇지만 나는 그 가운데 적어도 어떤 점에 대해서는 찜찜하네. 그러니, 자, 제우스 신이 보는 앞에서, 내가 미심쩍어 하고 있는 것이 도대체 무엇인지 보기로 하세. 비슷한 자는 비슷한 한에서 비슷한 자에게 친구이고, 또 그러한 자는 그러한 자에게 유용한가? 아니, 오히려 다음과 같이 물어보세. 비슷한 것이 무엇이든, 비슷한 것이면 무엇에게나 그 자신도 자신에게 끼칠 수 없는 무슨 유익을, 혹은 무슨 해를 끼칠 수 있을까? 혹은 자신에 의해서도 겪을 수 없는 무엇을 비슷

한 다른 것에 의해[123] 겪을 수 있을까? 그런 것들이 서로에게 아   215a
무런 도움도 되지 못하면서 도대체 어떻게 서로에 의해 존중될[124]
수 있을까? 그럴 수가 있는가?" 내가 말했네.

"그럴 수 없습니다."

"그런데 존중되지 않는 것이 어떻게 친구일 수 있겠는가?"

"어떤 식으로도 안 되겠지요."

"그럼 오히려, 비슷한 자가 비슷한 자에게 친구인 건 아니고,
훌륭한 자가 훌륭한 자에게, 비슷한 자인 한에서가 아니라 훌륭
한 자인 한에서 친구인 걸까?"

"아마 그럴 겁니다."

"뭐라고? 훌륭한 자는 훌륭한 자인 한에서는 스스로 충분할
것 같은데?"

"그렇습니다."

"그리고 충분한 자는 자기의 충분함 덕택에 아무것도 필요로
하지 않는 자[125]일 것이네."

"어찌 아니겠습니까?"

"그리고 아무것도 필요로 하지 않는 자는 뭔가를 존중하지도   b
않을 것이네."

"물론 그러지 않겠지요."

"그리고 뭔가를 존중하지 않는 자는[126] 사랑하지도 않을 것이네."

"확실히 그러지 않을 겁니다."

"그리고 사랑하지 않는 자야말로 친구가 아니네."

"아니라고 보입니다."

"그러면 우리가 보기에 어떻게 훌륭한 자들이 애당초 훌륭한 자들에게 친구가 되겠는가? 그들은 떠나 있을 때도 서로 그리워하지 않고(떨어져 있으면서도 스스로에게 충분하니까), 또 곁에 있을 때도 서로에게 아무런 소용이 없는데 말이네. 도대체 그런 자들이 서로를 대단히 가치 있다고 여길 도리가 있나?"

"전혀 그럴 수가 없습니다." 그가 말했네.

c "그리고 그들이 서로를 대단히 가치 있다고 여기지 않는다면, 적어도 친구는 아닐 것이네."

"맞습니다."

"그럼, 뤼시스, 우리가 어디서[127] 길을 잘못 들어섰는지 살펴보게. 우리가 어쨌거나 전반적으로 기만당하고 있는 건 아닌가?"

"도대체 어떻게 그렇죠?" 그가 말했네.

"이미 언젠가 나는 누군가가 다음과 같이 말하는 것을 들은 적이 있는데, 지금 막 기억이 나는군. 비슷한 것은 비슷한 것에게, 그리고 훌륭한 자들은 훌륭한 자들에게 가장 적대적이라고 말일세. 게다가 그는 헤시오도스를 증거자로 끌어들이기까지 했네. 자, 보게, 이렇게 말하면서 말일세.

옹기장이는 옹기장이에게 적의를 품고 있고, 소리꾼은 소리꾼에게,   d

그리고 거지는 거지에게 적의를 품고 있다.[128]

그리고 실로 다른 모든 것들에 있어서도 이처럼, 가장 비슷한 것들은 서로에 대한 시기와 경쟁심과 적대로, 그리고 가장 비슷하지 않은 것들은 서로에 대한[129] 사랑으로 아주 가득 차 있을 수밖에 없다고 그는 말했네. 그것은, 가난한 자는 부유한 자에게, 약한 자는 강한 자에게 도움을 받기 위해 친구일[130] 수밖에 없고, 병든 자가 의사에게도 역시 그러하며, 그리고 실로 무슨 일에서든 알지 못하는 자가 아는 자를 존중하고 또 사랑하니까 그렇다   e
는 거네. 게다가 그는 아직도 자기 논의를 계속, 더욱 호기 있게 펴나가고 있었네. 그러니까 비슷한 것이 비슷한 것에게 친구라는 것은 전혀 그렇지 않고, 오히려 사실은 이와 정반대라고 말하면서 말이네. 그건, 가장 반대되는 것이 가장 반대되는 것에게 가장 친구니까 그렇다는 거네. 각 사물은 자기와[131] 비슷한 것이 아니라 반대되는 것[132]을 욕구하니까[133] 말일세. 즉 건조한 것은 습한 것을, 찬 것은 뜨거운 것을, 쓴 것은 단 것을, 날카로운 것은 무딘 것을, 텅 빈 것은 채움을, 꽉 찬 것은 비움을 욕구하고, 다른 것들도 같은 이치에 의해 그러하다는 거네. 반대되는 것은 반대되는 것에게 자양물이니까. 또 그건, 비슷한 것은 비슷한 것   216a
으로부터 아무런 이득도 보지 못하니까 그렇다는 거네. 그리고 정말이지, 벗이여, 이런 것들을 말하고 있을 때 그는 세련되기까지 해 보였네. 말을 잘하고 있으니 말일세. 그런데 자네들에게는 그가 말을 어떻게 하고 있다고 생각되는가?" 내가 말했네.

"물론 잘하고 있다고 생각됩니다. 적어도 이렇게 우리가 전해 듣는 한에서는[134] 말입니다." 메넥세노스가 말했네.

"그렇다면 우리는 반대되는 것이 반대되는 것에게 가장 친구라고 말할까?"

"물론입니다."

"그래 좋아. 그런데 그거 묘하지 않나, 메넥세노스? 모든 면에서 지혜로운 바로 이 사람들, 즉 쟁론에 능한 사람들이 얼씨구나 싶어서[135] 곧장 우리에게 달려들어 적대는 사랑과 가장 반대되는 것 아니냐고 물을 텐데? 그들에게 우리는 뭐라고 대답할 것인가? 그들의 말이 맞다고 동의할 수밖에 없지 않은가?" 내가 말했네.

"그럴 수밖에요."

"그들은 말할 것이네, '그렇다면 적대적인 것이 친구인 것[136]에게 친구(인 것)인가, 아니면 친구인 것[137]이 적대적인 것에게 친구(인 것)인가?[138]'라고 말일세."

"어느 쪽도 아니죠." 그가 말했네.

"그럼 정의로운 것이 부정의한 것에게, 혹은 절제된 것이 제멋대로인 것에게, 혹은 훌륭한 것이 나쁜 것에게 친구인가?"

"그렇지는 않을 것이라고 제게는 생각됩니다."

"하지만 그럼에도 불구하고, 그야말로 반대됨에 의거해서 어떤 것이 다른 어떤 것에게 친구라면, 이것들도 친구일 수밖에 없네." 내가 말했네.

"그럴 수밖에요."

"그렇다면 비슷한 것이 비슷한 것에게 친구인 것도 아니고, 반대되는 것이 반대되는 것에게 친구인 것도 아니네."

"아닌 것 같습니다."

"그런데 우리, 다음과 같은 것도 계속 더 숙고해 보세. 정말로 친구인 것은 훨씬 더 우리의 주목을 벗어난 게 아닐까? 그것이 이것들 가운데 아무것도 아니고, 오히려 훌륭하지도 나쁘지도 않은 것이, 바로 그런 것[139]이기에 어떤 경우에 훌륭한 것의 친구가 되는 것은 아닐까?"

"무슨 말씀이십니까?" 그가 말했네.

"아니, 제우스 신께 맹세코, 나는 알지 못하네. 오히려 나 자신이, 논의가 곤경에 빠져서,[140] 정말로 머리가 어질어질하다네. 그리고 옛 속담마따나 아름다운 것이 친구가 아닐까 하네.[141] 아닌 게 아니라 그것은 부드럽고 매끄러우며 반들거리는 어떤 것과 비슷하고, 그 때문에, 즉 그런 유의 것이기 때문에 아마 우리 몰래 쉽게 미끄러져 달아나 버리기도 하는 것 같네. 나는 훌륭한 것이 아름다운 것이라고 말하거든. 그런데 자네는 그렇게 생각하지 않는가?" 내가 말했네.

"저로서도 정말 그렇게 생각합니다."

"그러니 이제, 나는 훌륭하지도 나쁘지도 않은 것이 아름답고 훌륭한 것의 친구라고 직감으로 점쳐 보면서 말하고 있는 것이네. 내가 뭘 염두에 두고 말하면서 점치고 있는지 들어 보게. 내게는 마치 어떤 세 부류의 것들이 있는 것같이 생각되네. 즉 훌륭한 것, 나쁜 것, 훌륭하지도 나쁘지도 않은 것. 자네에겐 어떤가?"

"제게도 그렇습니다." 그가 말했네.

e "또 내 생각에는 훌륭한 것이 훌륭한 것에게, 나쁜 것이 나쁜 것에게, 또 훌륭한 것이 나쁜 것에게 친구가 아니네. 앞서의 논변도 그런 것들을 허용하지 않네. 그렇다면 남아 있는 가능성은, 어떤 것에게 친구인[142] 어떤 것이 있다면, 훌륭하지도 나쁘지도 않은 것이 훌륭한 것의 친구이거나, 아니면 자기와 같은 유의 것[143]의 친구이거나 둘 중 하나이네. 도대체 나쁜 것에게는 어떤 것도 친구가 될[144] 수 없을 테니까 말일세."

"맞습니다."

"게다가 실로, 비슷한 것이 비슷한 것에게 친구가 될 수도 없다고 우리는 방금 전에 말했네. 안 그랬나?"

"그랬습니다."

"그렇다면 훌륭하지도 나쁘지도 않은 것에게 자기와 같은 유의 것[145]이 친구가 되지는 않을 것이네."

"안 그럴 것으로 보입니다."

"그렇다면 이것 보게, 오로지 훌륭한 것에게, 훌륭하지도 나쁘 217a 지도 않은 것만이 친구가 된다[146]는 결론이 따라 나오네."

"그럴 수밖에 없을 것 같습니다."

"자, 그런데 여보게들, 지금 논의되고 있는 것이 도대체 우리를 잘 인도하고 있기는 한 건가? 예컨대 우리가 건강한 몸을 염두에 두고 있다고 해 보세. 그것은 조금도 의술을 필요로 하지 않고 어떤 다른[147] 도움도 필요로 하지 않네. 그것은 충분한 상태여서, 아무도 건강한 상태에서는 자기의 건강 때문에 의사에게 친구가 아니니까[148] 말일세. 그렇지 않은가?" 내가 말했네.

"아무도 안 그렇습니다."

"그렇지만 병든 자는, 내 생각에, 병 때문에 의사에게 친구이네.[149]"

"어찌 아니겠습니까?" b

"병은 실로 나쁜 것이지만, 의술은 도움이 되고 훌륭한 것이네."

"그렇습니다."

"하지만 적어도 몸은 아마도 그것이 몸인 한에서는 훌륭하지도 나쁘지도 않은 것이네."

"그렇습니다."

"그런데 몸은 병 때문에 의술을 반기고 사랑할 수밖에 없네."

"제게는 그렇게 생각됩니다."

"그렇다면 나쁜 것이 와 있기 때문에[150] 나쁘지도 훌륭하지도 않은 것이 훌륭한 것의 친구가 되네."

"그런 것 같습니다."

"그런데 이 일은 자기가 가지고 있는 그 나쁜 것에 의해 그 것[151] 자체가 나쁜 것이 되기 전의 일이라는 게 그야말로 분명하네. 그것이 이미 나쁜 것이 되어 있다면, 정말이지, 도대체 훌륭한 것을 조금도 욕구하지 않을 테고, 훌륭한 것의 친구가 전혀 아닐 테니까 말일세.[152] 나쁜 것이 훌륭한 것에게 친구이기란 불가능하다고 우리는 말했으니까 말일세."

c

"물론 불가능하고말고요."

"자, 이제, 내가 말하고 있는 것을 숙고들 해 보게. 나는 어떤 것들은 그것들 자체도, 자기들에게 와 있는 것과 같은 유의 것들인 반면, 어떤 것들은 그렇지 않다고 말하네. 말하자면 누군가가 어떤 것에다 어떤 색깔을 칠하려 한다면, 아마도 칠[153]이 칠해진 대상[154]에게 와 있는 것과 꼭 마찬가지로 말일세."

"물론 그렇습니다."

"그렇다면 그때 칠해진 대상은 색에 있어서, 덧붙어 있는 것과 같은 유의 것이기도 한가?[155]"

"저는 이해 못하겠습니다." 그가 말했네.

"아니, 그럼, 다음과 같이 생각해 보세.[156] 누군가가 금발인 자네 머리카락들을 백연(白鉛)으로 문지른다면, 그때 자네 머리카락들은 흰가, 아니면 다만 그렇게 보이는 것뿐일까?" 내가 말했네.

"다만 그렇게 보이는 것일 테지요." 그가 말했네.

"그렇지만 그때 그것들에게 흼이 와 있을 것이네."

"그렇습니다."

"하지만 그렇다고 해도 아직은[157] 그것들이 조금이라도 더 희지는 않을 것이네. 오히려 흼이 자기들에게 와 있는데도[158] 불구하고 그것들은 조금도 희지도 않고 검지도 않네."

"맞습니다."

"하지만, 친구여, 실로 노령이 그것들에다 바로 이 똑같은 색깔을 가져다주게 되면, 그때는 그것들이, 자기들에게 와 있는 것과 꼭 같은 유의 것이 되어 버리네. 즉 흼이 자기들에게 와 있음으로 해서 희게 되네."

"어찌 아니겠습니까?"

"자, 그러니까, 바로 이게 내가 지금 묻고 있는 것이네. 어떤 것이 다른 어떤 것에게 와 있을 때마다, 와 있는[159] 그것을 가진 것은 와 있는 것과 같은 유의 것이 될 것인가, 아니면 어떤 방식으로 와 있을 때는 그렇게 되지만, 그렇지 않을 때는 안 그렇게 될 것인가?"

"오히려 후자 쪽이죠." 그가 말했네.

"그렇다면 나쁘지도 훌륭하지도 않은 것 역시 때로는 나쁜 것이 자기에게 와 있는데도 아직 나쁘지 않은 경우가 있는가 하면, 이미 자기에게 와 있는 것과 같은 유의 것[160]이 되어 버린 때도 있네."

"물론 그렇습니다."

"그렇다면 나쁜 것이 와 있는데도 나쁘지도 훌륭하지도 않은 것이 아직 나쁜 것이 아닐 때, 이 와 있음은 그것이 훌륭한 것을 욕구하도록 만드네. 반면에 그것을 나쁘게 만드는 와 있음은 그것에게서 훌륭한 것에 대한 욕구도 사랑도 빼앗아 버리네. 그때는 그것이 더 이상 나쁘지도 훌륭하지도 않은 것이 아니라, 나쁜 것이니까 말일세. 그런데 앞의 논의에서[161] 훌륭한 것은 나쁜 것에게 친구가 아니었네.[162]"

"물론 아니었죠."

"바로 이런 것들 때문에 우리는 또한, 신이건 인간이건 간에 이미 지혜로운 자들이 더 이상 지혜를 사랑하지[163] 않는다고 말할 수 있을 것이고, 그런가 하면 나쁜 자들이 될 정도로 무지를 가진 자들 역시 지혜를 사랑하지 않는다고 말할 수 있을 것이네.[164] 나쁘고 무식한 그 누구도 지혜를 사랑하지 않으니까 말일세. 그렇다면 이제 이런 나쁜 것, 즉 무지를 가지고는 있지만 아직은 그것으로 인해 분별없거나 무식하게 되지는 않고, 다만 자기들이 알지 못하는 것들이 무엇이든 그것들을 알지 못한다고 여전히 생각하는 자들이 남아 있네. 그러니까 바로 그 때문에, 아직 훌륭하지도 나쁘지도 않은 자들이 지혜를 사랑하는 것이 b 네. 반면에 나쁜 자들은 지혜를 사랑하지 않으며, 훌륭한 자들도 마찬가지네. 앞서의 논의에서 반대되는 것이 반대되는 것의 친구도 아니고, 비슷한 것이 비슷한 것의 친구도 아니라고 우리에게 밝혀졌기에 하는 말일세. 아니면 자네들 기억 못하고 있나?"

"아주 잘 기억하고 있습니다." 그들 두 사람이 말했네.

"그렇다면 이제, 뤼시스와 메넥세노스, 우리는 친구인 것과 아닌 것[165]을 무엇보다도 잘 발견해 낸 것이네. 바로 그것, 즉 (혼의 c 관점에서도, 몸의 관점에서도, 그리고 다른 모든 면에서도) 나쁘지도 훌륭하지도 않은 것이 나쁜 것의 와 있음 때문에 훌륭한 것의 친구라고 우리는 주장하니까 말일세." 내가 말했네.

이것이 그러하다고 그들 두 사람은 전적으로 긍정하고 동의했네. 게다가 나 자신도, 마치 어떤 사냥꾼처럼, 내가 쫓아다니던 것을 만족스럽게도 수중에 가지고 있다는 것에 아주 즐거워하고 있었네. 그런데 그때 어디서부터인지는 몰라도 어떤 아주 이상한 미심쩍은 느낌이, 우리가 동의한 것들이 올바르지 않은 것일지 모른다는 느낌이 나에게 들어왔네. 그래서 곧바로 나는 언짢

아져서 이렇게 말했네. "이런, 뤼시스와 메넥세노스, 우리는 꿈 속에서 부자가 된 것이 아닌가 하네."

d   "도대체 무슨 말씀이신지?[166]" 메넥세노스가 말했네.

"나는 우리가 친구에 관한 그런 모종의 〈거짓〉 논변들을 만난 것이, 말하자면 사기꾼인 사람들을 만난 것과도 흡사한 게 아닐까 염려스럽네.[167]" 내가 말했네.

"도대체 어째서죠?" 그가 말했네.

"다음과 같이 검토해 보세. 친구가 될 수 있는 자는 누구든지 어떤 자[168]에게 친구인가, 혹은 아닌가?" 내가 말했네.

"그럴 수밖에요." 그가 말했네.

"그러면 그건 어떤 것을 위해서 그리고 어떤 것 때문에 그런가? 아니면 어떤 것을 위해서도 아니고 어떤 것 때문에도 아닌 건가?"

"어떤 것을 위해서 그리고 어떤 것 때문에 그렇습니다."

"저 사물(즉 그것을 위해 친구가 자기[169] 친구에게 친구인 그것)은 친구인가, 아니면 친구도 적도 아닌가?"

e   "선생님의 말씀을 저는 그리 잘 따라가지 못하고 있습니다." 그가 말했네.

"그야 그럴 만도 하지. 하지만 다음과 같이 살펴보면[170] 아마도 자네가 따라올 수 있을 것이고, 또 내 생각에는, 나도 내가 무슨 말을 하려는 것인지를 더 잘 알게 될 것이네. 좀 전에 우리가 말했거니와, 병든 자는 의사의 친구이네. 그렇지 않나?" 내가 말했네.

"그렇습니다."

"그렇다면 그는 병 때문에, 건강을 위해서 의사의 친구인 것 아닌가?"

"그렇습니다."

"그런데 병이야말로 나쁜 것이지?"

"어찌 아니겠습니까?"

"그럼 건강은 어떤가? 훌륭한 것인가, 나쁜 것인가, 아니면 이도 저도 아닌가?" 내가 말했네.

"훌륭한 것입니다." 그가 말했네.   219a

"그렇다면 우리는 훌륭하지도 나쁘지도 않은 것인 몸이 병 때문에, 즉 나쁜 것 때문에 의술의 친구인데 의술은 훌륭한 것이라고 말하고 있었던 것 같네. 그런데 의술이 사랑을 얻게 된 것은 건강을 위해서이고, 건강은 훌륭한 것이네. 그렇지 않은가?"

"그렇습니다."

"그런데 건강은 친구[171]인가, 아니면 친구[172]가 아닌가?"

"친구입니다."

"그렇지만 병은 적이네."

"물론 그렇습니다."

"그렇다면 나쁘지도 훌륭하지도 않은 것이 나쁜 것이자 적인   b

것 때문에, 훌륭한 것이자 친구인 것을 위해서, 훌륭한 것의 친구이네."

"그렇게 보입니다."

"그렇다면 친구는 친구를 위해서, 적 때문에 〈친구의〉[173] 친구이네."

"그런 것 같습니다."

"그래 좋아. 그런데 여보게들, 우리가 여기까지 와 있으니 기만당하지 않도록 주의를 기울이세. 친구(인 것)가 자기[174] 친구(인 것)[175]의 친구가 되어 버렸다는 것, 그래서 비슷한 것이 비슷한 것의 친구가 된다는 것은 (이것이 불가능하다고 우리가 말한 바 있지만) 그냥 내버려 두겠네. 하지만 그럼에도 불구하고 지금 말해지고 있는 것이 우리를 기만하지 못하도록 다음과 같은 것을 고찰해 보세. 의술은 건강을 위해서 친구[176]라고 우리는 말하네." 내가 말했네.

"그렇습니다."

"그렇다면 건강도 친구가 아닌가?"

"물론 그렇습니다."

"그렇다면, 그것이 친구라면, 어떤 것을 위해서이네."

"그렇습니다."

"그런데 바로 그 어떤 것도 친구이네. 그것이 앞서의 합의를 따르게 된다면 말일세."

"물론 그렇습니다."

"그렇다면 이번에는 바로 그 어떤 것[177] 역시 친구를 위해서 친구일 것 아닌가?"

"그렇습니다."

"그러면 우리가 이렇게 계속 가는 것을 포기하고[178] 어떤 시작점에 도달할 수밖에 없는 것 아닌가? 더 이상 다른 친구에게로 환원되지[179] 않고, 오히려 첫째 친구인 바로 그것(즉 다른 모든 것들도 그것을 위해서 친구라고 우리가 말할 때의 그것)에 가 있게 되는[180] 그런 시작점에 도달할 수밖에 없는 것 아닌가 말일세."

d

"그럴 수밖에요."

"그런데 바로 이것이 내가 말하려고 하는 것이네. 즉 바로 저 첫째 친구를 위해서[181] 친구라고 우리가 말했던 다른 모든 것들이, 그것의 어떤 모상들처럼 되어, 혹시 우리를 기만하고 있는 것은 아닐까, 그리고 정말로 친구인 것은 바로 저 첫째 것이 아닐까 하는 것 말일세. 이제 다음과 같이 곰곰이 생각해 보세. 누군가가 어떤 것을 대단히 가치 있게 여긴다고 해 보세. 예컨대 때때로 아버지가 자기의 다른 모든 재물들보다 아들에게 더 가치를 두는 경우처럼 말일세. 그런 사람은 자기 아들이 가장 가치 있다는 생각을 위해서[182] 다른 어떤 것도 대단히 가치 있다고 여기겠는가? 예컨대, 자기 아들이 독당근즙을 마신 상태라는 것을 그가 알아차리게 되면, 포도주가 대단히 가치 있다고 여기겠

e

는가? 이것이 자기 아들을 구해 주리라고 그가 생각한다면 말일세."

"물론입니다." 그가 말했네.

"그렇다면 그 포도주가 담겨 있는 그 용기도 아주 가치 있다고 여기지 않겠는가?"

"물론 그렇습니다."

"그러면 그때 그는 점토로 된 포도주 잔과 자기 아들 가운데, 혹은 포도주 세 코튈레[183]와 자기 아들 가운데, 어느 한쪽이 다른 쪽에 비해 더 가치 있다고 여기지 않는 것인가?[184] 아니면 다음과 같은 어떤 상태인가? 즉 그런 온갖 진지한 관심을 기울인 게 이것들(즉 어떤 것을 위해서 마련되는 것들)을 향해서[185]가 아니라 저것(즉 이런 온갖 것들이 바로 그것을 위해서 마련된다고 할 때의 그것)을 향해서[186]인가?[187] 물론 우리는 금과 은을 아주 가치 있게 여긴다고 자주 말하네. 하지만 그런다고 해서 그게[188] 조금이라도 더 진실이 되는 건 아닐 것이네. 오히려 우리가 가장 가치 있다고 여기는 것은 저것(즉 그것이 무엇이라고 밝혀지든 간에, 금이나 그 밖에 마련되는 온갖 것들이 바로 그것을 위해 마련된다고 할 때의 그것)이네. 우리, 이렇다고 주장할까?"

"물론 전적으로 그렇게 해야지요."

"그렇다면 친구에 관해서도 똑같은 말이 적용되지 않는가? 그것들(즉 다른 어떤 친구를 위해서 바로 그것들이 우리에게 친구[189]라

고 우리가 말할 때의 그것들)에 대해서, 우리는 첫째 친구를 친구   b
라고 할 때와는 다른 말로 그렇게 말하는 것이 분명하니까 말이
네.[190] 그런데 바로 저것(즉 이 이른바 사랑들이 바로 그것으로 귀결
된다고 할 때의 그것)이 참으로 친구인 것 같네."

"그런 것 같습니다." 그가 말했네.

"그렇다면 적어도 참으로 친구인 것은 어떤 친구를 위해서 친
구인 것은 아니지 않겠나?"

"맞습니다."

"그럼 이것은 기각되었네. 친구인 것이 어떤 친구를 위해서 친
구라는 것 말일세. 그렇다면 오히려 훌륭한 것이 친구인가?"

"적어도 제게는 그렇게 생각됩니다."

"그러면 훌륭한 것이 사랑을 받는 게 나쁜 것 때문인가? 그래   c
서 사정이 다음과 같은가? 즉 방금 전까지 우리가 말하고 있었
던 것들이 세 가지, 즉 훌륭한 것과 나쁜 것과 훌륭하지도 나쁘
지도 않은 것인데, 그 가운데 둘이 남아 있고, 나쁜 것은 제거되
어[191] 아무것에도 (즉 몸에도 혼에도, 그리고 우리가 그 자체로 나쁘
지도 훌륭하지도 않다고 말하는 그런 다른 것들에도) 간섭하지 못
한다면, 그때는 훌륭한 것이 우리에게 전혀 유용하지 않고 오히
려 무용한 것이 되어 버릴 것인가? 하긴, 아무것도 우리에게 더
이상 해를 입히지 않는다면, 우리는 도대체 어떤 도움도 필요하
지 않을 것이고, 바로 이렇게 되면 그때는 우리가 (훌륭한 것이 나   d

쁜 것의 치료약이고, 나쁜 것은 병이라고 생각해서) 훌륭한 것을 존중하고 사랑해 온 게 나쁜 것 때문이었다는 게 분명해질 것이네. 그런데 병이 없다면 약이 전혀 필요 없네. 훌륭한 것이 원래부터 그런 성격을 타고난 것이고, 또 그것이 나쁜 것 때문에 (나쁜 것과 훌륭한 것 사이에 있는) 우리에게서 사랑을 받지만, 그것 자체가 자신을 위해서는 아무런 소용도 안 되는가?"

"그런 것 같습니다." 그가 말했네.

e   "그렇다면 우리에게 친구인 저것(즉 다른 모든 것들이 ─ 바로 그것들이 다른 친구를 위해서 친구라고 우리가 말하고 있었는데 ─ 바로 그것으로 귀결된다고 할 때의 그것)은 정말로 이것들과는 전혀 비슷하지 않네. 이것들은 친구를 위해서 친구라고 불려 왔지만, 참으로 친구인 것은 이와는 정반대의 성격을 타고난 것임이 분명하니까 말이네. 그것은 적을 위해서[192] 우리에게 친구라는 것이 분명히 밝혀졌으니 말일세. 그런데 적이 떠나가 버리면, 참으로 친구인 것은 더 이상 우리에게 친구가 아닌 것 같네.[193]"

"아니라고 제게는 생각됩니다. 적어도 지금 논의되고 있는 식으로 본다면 말입니다." 그가 말했네.

"제우스 신이 보는 앞에서 묻건대, 나쁜 것이 소멸되고 나
221a   면,[194] 배고프거나 목마르거나, 그런 유의 다른 어떤 일이 더 이상 있을 수 없게 될 것인가? 아니면 사람들과 다른 동물들이 있

72

는 한은 배고픔이 있긴 한데, 적어도 해롭지는 않은 것으로 있을
까? 또 목마름도 다른 욕구들도 있는데, 다만 (나쁜 것이 소멸되
어 버렸으니까[195]) 나쁘지는 않은 것으로 있을까? 아니면 그때 도
대체 무엇이 있게 되고 무엇이 없게 될 것인가라는 물음 자체가
우스운 것인가? 하긴, 대체 누가 알겠는가? 하지만 어쨌든 우리
는 적어도 다음과 같은 것만은 알고 있네. 즉 지금도 배고픔으로
해서 해를 입는 일이 있을 수 있고, 또 이득을 얻는 일도 있을 수
있다는 것 말일세. 그렇지 않은가?" 내가 말했네.

"물론 그렇습니다."

"그렇다면 목마를 때나 혹은 그런 유의 다른 온갖 것들을 욕구   b
할 때, 그 욕구가 때로는 이롭기도 하고, 때로는 해롭기도 하고,
또 때로는 이도 저도 아닐 수 있지 않은가?"

"정말 그렇습니다."

"그렇다면 나쁜 것들이 소멸되고 있을[196] 때마다, 나쁘지 않은
것들이 나쁜 것들과 함께 소멸되고 있어야[197] 할 무슨 적절한 이
유가 있는가?[198]"

"전혀 없습니다."

"그렇다면 나쁜 것들이 소멸되고 난[199] 후에도, 훌륭하지도 나
쁘지도 않은 욕구들이 있을 것이네."

"그렇게 보입니다."

"그런데 욕구하는 자와 사랑(연애)하는 자는 자기가 욕구하고

사랑(연애)하는 그것을 사랑(친애)하지 않을 수 있는가?"

"적어도 제게는 그럴 수 없다고 생각됩니다."

c "그렇다면 나쁜 것들이 소멸되고 나도, 어떤 친구(인 것)들[200]이 있을 것 같네."

"그렇습니다."

"만약 나쁜 것이, 어떤 것이 친구가 되는 원인이라고 한다면, 나쁜 것이[201] 소멸된 후에는 아무것도 다른 것에게 친구가 될 수 없을 것이네. 원인이 소멸되어 버렸는데도 이것을 원인으로 가지고 있던 저것이 여전히 있다는 건 아마도 불가능할 테니까 말일세."

"옳은 말씀이십니다."

"그런데 우리는 친구[202]가 어떤 것을 사랑하며, 어떤 것 때문에 사랑한다고 합의한 바 있지 않은가? 또 적어도 그때는 우리가 나쁜 것 때문에, 훌륭하지도 나쁘지도 않은 것이 훌륭한 것을 사랑한다고 생각했던 것 아닌가?"

"맞습니다."

d "그런데 바로 지금은 사랑하고 사랑받음의 어떤 다른 원인이 나타나고 있는 것 같네."

"그런 것 같습니다."

"그렇다면 방금 전에 우리가 말하고 있었던 것처럼 욕구가 참으로 사랑의 원인이고, 또 욕구하는 것이 욕구 대상에게, (욕구하는 바로 그때에) 친구[203]인 반면에, 이전에 무엇이 친구인가에 관해 우리가 말하고 있었던 것은 마치 길게 늘어진 시처럼 어떤 허튼 이야기였는가?"

"그런 것 같습니다." 그가 말했네.

"하지만 분명, 적어도 욕구하는 것은 자기가 필요로 하는 것이 무엇이든 바로 그것을 욕구하네. 그렇지 않은가?" 내가 말했네.

"그렇습니다."

"그렇다면 뭔가를 필요로 하는 것은 자기가 필요로 하는 것이 무엇이든 바로 그것의 친구[204]가 아닌가?"

"제게는 그렇게 생각됩니다."

"그런데 뭔가를 필요로 하는 것은[205] 자기가 어떤 식으로든 빼앗긴 바로 그것을 필요로 하게 되는 것이네."

"어찌 아니겠습니까?"

"그렇다면 메넥세노스와 뤼시스, 사랑(연애)도 사랑(친애)도 욕구도 가까운 것[206]에 대한 것으로 보이네."

그들 두 사람이 동의했네.

"그렇다면, 자네들 두 사람이 서로에게 친구라면, 자네들은 어떤 방식으로 본성상 서로에게 가까운 사람들[207]이네."

"확실히 그렇습니다." 그들 두 사람이 말했네.

"그렇다면, 여보게들, 또한 어떤 한 사람이 다른 한 사람을 욕

222a 구하거나 사랑(연애)할 때, 만약 그가 혼에 있어서든, 아니면 혼
의 어떤 습성에 있어서든, 아니면 기질이나 모습[208]에 있어서
든,[209] 어떤 식으로든 사랑(연애)받는 자에게 가까운 자[210]가 아니
라면, 도무지 욕구하지 못할 테고, 사랑(연애)도 사랑(친애)도 못
할 것이네." 내가 말했네.

"물론 그렇습니다." 메넥세노스가 말했네. 그런데 뤼시스는 잠
자코 있더군.

"그래 좋아. 그러면 우리가 본성상 가까운 것[211]을 사랑할 수밖
에 없다는 것은 이미 밝힌 거네." 내가 말했네.

"그런 것 같습니다." 메넥세노스가 말했네.[212]

"그렇다면 이것 보게, 사랑(연애)하는 척하는 자가 아니라 진
짜 사랑(연애)하는 자가 그 애인에게서 사랑(친애)받을 수밖에
없네."

b   그런데 뤼시스와 메넥세노스 두 사람은 마지못해 건성으로 고
개를 끄덕였지만, 히포탈레스는 즐거움으로 온갖 가지 색깔들을
다 발산해 내고 있더군. 그래서 그 논변을 숙고해 보았으면 해서
내가 말했네. "뤼시스와 메넥세노스, 가까운 것이 비슷한 것과
어떤 점에서 다르다면, 내 생각에 우리는 친구가 무엇인지에 관
하여 뭔가 의미 있는 것을 말할 수도 있을 것이네. 그렇지만 비
슷한 것과 가까운 것이 똑같은 것이라면, 앞서의 논변, 즉 비슷
한 것은 그 비슷함으로 인해 자기와[213] 비슷한 것에게 무용하다

는 논변을 거부하기가 쉽지 않네. 그런데 무용한 것이 친구라고 합의하는 것은 일을 그르치는 것이네. 그러니 우리가 마치 그 논 c 의에 취한[214] 것과도 같은 상태니까, 가까운 것이 비슷한 것과 다른 어떤 것이라고 합의하여 말할까? 그러길 바라나?"

"물론 그렇습니다."

"그렇다면 훌륭한 것은 모든 것에게[215] 가까운 것[216]이지만, 나쁜 것은 남의 것이라고 놓을까? 아니면 나쁜 것은 나쁜 것에게 가까운 것이고, 훌륭한 것은 훌륭한 것에게 가까운 것이며, 또 훌륭하지도 나쁘지도 않은 것은 훌륭하지도 나쁘지도 않은 것에게 가까운 것이라고 놓을까?"

그들 두 사람은 자신들에게는 후자처럼, 즉 각각이 자신과 같은 짝[217] 각각에게 가까운 것으로 보인다고 말했네. d

"그렇다면 여보게들, 우리는 사랑에 관해서 우리가 맨 처음에 거부했던 그 논변들에 다시 빠져 들어가 버렸네. 훌륭한 자가 훌륭한 자에게 친구인 것 못지않게 부정의한 자는 부정의한 자에게, 그리고 나쁜 자는 나쁜 자에게 친구일 것이니 말일세." 내가 말했네.

"그럴 것 같습니다." 메넥세노스가 말했네.[218]

"그럼 이건 어떤가? 훌륭한 것과 가까운 것이 같은 것이라고 우리가 말할 때, 다름 아니라 훌륭한 자가 훌륭한 자에게만 친구라는 것 아니겠나?"

　"물론 그렇습니다."

　"하지만 정말로, 우리는 바로 이것에 있어서도 우리가 우리 스스로를 반박했다고 생각하고 있었네.[219] 아니면 자네들 기억나지 않나?"

　"기억납니다."

e　"그러면 우리는 그 논변을 사용해서 무엇을 더 할 수 있을까? 아니면 아무것도 할 수 없다는 게 분명한가? 어쨌든 나는 마치 법정에서 솜씨 있게 연설하는 자들이 하는 것처럼, 이야기된 것들 전부를 하나하나 다시 숙고해[220] 보았으면 싶네. 사랑받는 자들도, 사랑하는 자들도, 비슷한 자들도, 안 비슷한 자들도, 훌륭한 자들도, 가까운 자들도, 그리고 우리가 자세히 검토한 바 있는 다른 것들도 (적어도 나로서는 그 숫자가 많아서 더 이상 기억을 못하니까 이렇게 말하는 것이네만), 그러니까 이것들 가운데 아무것도 친구가 아니라면, 나로서는 더 이상 무슨 말을 해야 할지 모르겠네."

223a　이런 말을 하면서 나는 벌써 거기 있는 더 나이 먹은 사람들 가운데 다른 누군가를 부추겨 끌어들일 생각을 마음속에 가지고 있었네. 그런데 그때 마치 어떤 신령들처럼 아동 보호자들이, 즉 메넥세노스의 보호자와 뤼시스의 보호자가, 그 아이들의 형제들을 대동하고 와서는, 그들을 부르면서 집에 가자고 종용하기 시

작했네. 이미 늦은 시간이었으니까. 처음에는 우리도, 그리고 주위에 둘러서 있던 사람들도 그들을 쫓아내려 했네. 하지만 그들은 우리는 전혀 안중에 없이, 되레 혀 꼬부라진 소리로[221] 짜증을 부리기 시작하면서 계속 아이들을 불러 대더군. 우리가 보기에 그들은 헤르마이아 축제에서 술을 좀 걸친 상태여서 어찌 상대해 볼 도리가 없을 것 같았네. 그래서 우리는 그들에게 굴복해서 모임을 파하게 되었네. 그렇지만 그들이 막 떠나가고 있을 때 바로 내가 말했네. "뤼시스와 메넥세노스, 지금은 늙은 사람[222]인 나도, 그리고 자네들도 우스운 자들이 되어 버렸네. 여기 이 사람들이 떠나면서 이렇게 말할 테니까 말일세. 우리가 스스로 서로의 친구라고 생각하고 있지만(나는 나 자신도 자네들 무리 가운데 속한다고 치고 있으니 하는 말이네만) 아직 친구가 무엇인지 발견해 내지 못했다고 말일세."

주석

1   나는 성벽 바로 아래에 나 있는 성벽 바깥쪽 길을 따라 아카데미아로부
    터 곧장 뤼케이온을 향해 가고 있었네 : 아카데미아(원래 발음대로는 아
    카데메이아: Akadēmeia)와 뤼케이온(Lykeion)은 둘 다 아테네 성벽 바
    로 바깥에 위치한 큰 공터 혹은 운동장이었다. 이런 장소를 '귐나시온'
    (gymnasion)이라고 불렀는데, 흔히 귐나시온은 시냇물 근처의 아담한
    숲속에 위치했다. 영웅 아카데모스(Akadēmos)의 사당을 끼고 있는 아
    카데미아는 아테네 북서쪽 케피소스강 부근에 있었고, 뤼케이오스 아
    폴론(Lykeios Apollōn)의 사당을 끼고 있는 뤼케이온은 아테네 남동쪽
    일리소스 강변에 있었다고 한다. 훗날 아카데미아에는 플라톤이, 뤼케
    이온에는 아리스토텔레스가 각각 학교를 세웠고, 그래서 이 두 지명은
    오히려 그들의 학교를 가리키는 이름으로 더 잘 알려지게 된다. 귐나
    시온은 모든 시민에게 개방된 일종의 공공 체육 시설이었다. 달리기,
    말타기, 레슬링, 높이뛰기, 원반던지기, 창던지기 등 여러 체육 활동이
    나 그와 관련한 교육이 행해졌다. 또한 지금 이 대목을 비롯하여 플라
    톤이 여러 대화편에서 전해 주는 바에 따르면 소크라테스도 이곳에 자
    주 들러서 여러 젊은이들과 대화를 나누었다고 한다. 그러니까 이 두

김나시온은 플라톤과 아리스토텔레스가 학교를 세워 유명해지기 전에
도 이미 학교 자리로 쓰이고 있었다고 말해도 좋을 것이다. 그런데 여
기서 소크라테스가 사용한 '곧장'(euthy)이라는 표현이 아테네의 실제
지리를 반영하고 있지 않은 것 아닌가 하는 생각을 할 수도 있다. 이런
생각을 발전시켜, 이 대화편에서 소크라테스가 아테네의 지형지물에
관해 일부러 왜곡하거나 짐짓 모른 체하고 있다고 주장하는 사람도 있
다. 상세한 내용은 플라노(C. Planeaux, 2001)를 참고할 것.

2 **파놉스** : 파놉스(Panops)는 아테네의 영웅 혹은 지방 신의 이름이다. 그
의 이름을 글자 그대로 풀면 '모든 것을 보는 자'라는 뜻이다.

3 **파이아니아** : 파이아니아(Paiania)는 고대 아테네의 마을(dēmos) 이름이
다.

4 **소크라테스 선생님** : 이름 뒤에 붙인 '…선생님'과 2인칭 대명사 대신 쓴
'선생님'은 원문에 해당 단어가 따로 있는 것이 아니라 우리식 어투를
자연스럽게 살리기 위해 옮긴이가 덧붙인 것이다.

5 **정말 그래 보실 만한 일입니다** : "그러시는 게 그야말로 선생님께 알맞은
일입니다"로 옮길 수도 있다.

6 **멋있는 사람들** : '칼로이'(kaloi)를 이렇게 옮겼는데, '잘생긴 사람들'로
옮길 수도 있다. '칼로스'(kalos)나 '칼로이'에 대해서는 아래에서도 문
맥에 따라 두 번역어를 혼용할 것이다. 이 말의 의미에 관해서는 아래
207a3 '멋있고 훌륭한 자'의 주석(주석 42)을 참고할 것.

7 **여긴** : 그 울타리 둘러진 곳을 가리키면서 하는 말이다.

8 **레슬링 도장** : '레슬링 도장'으로 옮긴 '팔라이스트라'(palaistra)는 공적으
로든 사적으로든 체력 단련을 위해 사용된 특정 장소를 가리킨다. 나
중에 굳어진 팔라이스트라의 양식은 울타리가 쳐 있는 안마당에 고운
모래가 깔려 있고, 그 주변으로 탈의나 샤워에 사용되는 방들이 둘러
서 있는 모습이었다. 그러나 이 용어를 실제 건물에 적용할 때는 확실
치 않은 구석이 있고, 위 주석 1에서 언급한 김나시온과 어떻게 구별
되는지도 문젯거리이다. 양자는 배치가 비슷한데, 관행상으로는 김나

시온보다 크기가 상당히 작은 구조물에 '팔라이스트라'라는 용어를 사용한다. 그러나 면적이 66.35m×66.75m인, 올림피아의 팔라이스트라는 다른 곳의 큄나시온들보다 더 큰데도, 파우사니아스(Pausanias)는 그것을 큄나시온과 구별하여 팔라이스트라라고 불렀다. 이 팔라이스트라는 주랑이 있는 더 큰 건물에 붙어 있는데, 현재는 부분적으로만 남아 있는 북쪽의 그 큰 건물이 사실은 큄나시온이다. 이런 점들로 미루어 볼 때 양자는 형태나 크기보다는 오히려 쓰임새에 의해 구분된다 할 수 있다.

9 **동료** : '헤타이로스'(hetairos)를 옮긴 말이다. 물론 '친구'로 옮겨도 상관은 없는 말이지만, '필로스'(philos)가 나오는 부분과 구별해 주기 위해 아래에서도 계속 이렇게 '동료'나 '벗'으로 옮길 것이다. 이 말은 때에 따라 정치적 '동지'에 대해 쓰이기도 한다.

10 **미코스** : 미코스(Mikkos)에 대해서는 더 이상 알려진 바 없다. 그 이름의 문자적 의미는 도리아 방언으로 '작은 자'라는 뜻이다. 아티카 방언의 '미크로스'(mikros)에 해당한다.

11 **제우스 신께 맹세코** : 소크라테스가 자신의 말에 강한 긍정 혹은 부정의 무게를 싣고자 할 때 자주 쓰는 맹세 표현이다. 거의 숙어처럼 굳어진 말이어서, 우리말로는 문맥에 따라 '정말로', '실로', '정녕', '전혀', '절대로' 등으로 옮기는 것이 더 자연스러울 수 있다. 그러나 비슷한 의미의 다른 부사들과 강조의 정도를 구별하기 위해 직역을 택했다.

12 **그 사람, 시시한 사람이 아니라 능력이 풍부한 소피스트지** : '작은 자'라는 뜻을 가진 그의 이름을 두고 말하고 있다. 이 레슬링 도장이 이름과 달리 능력이 대단한 이 소피스트의 영향 아래 있다는 것은 앞으로 소크라테스의 대화 상대자로 등장하게 될 메넥세노스라는 인물의 특징 묘사와 긴밀히 연결된다. 아래에서 메넥세노스는 논박(elenchein)에 열의를 보이고 논쟁에 능한(eristikos) 무서운(deinos) 인물로 묘사된다 (211b-c). 이는 소크라테스의 또 다른 대화 상대자인 뤼시스가 '지혜를 사랑'(철학)하는 자로 묘사되는(213d) 것과 뚜렷하게 대비된다.

13 (그) 멋있는 사람 : '호 칼로스'(ho kalos)를 옮긴 말이다. 이미 언급했듯이 '잘생긴 사람'으로 옮길 수도 있다. 히포탈레스는 앞에서 '아주 많은 멋있는 사람들'(pany polloi kai kaloi : 203b8)이라고 복수를 써서 자신의 연애(에로스)를 짐짓 감추려 했다. 자칭 '연애 전문가'인 소크라테스는 이 사실을 간파하고 여기서 단수로 바꾸어 묻고 있는 것이다. 어법만 고려하면 '그'를 빼고 그냥 '멋있는 사람'으로 일반화하여 읽을 수도 있지만, '그 멋있는 사람'으로 읽는 것이 맥락에 더 어울린다.

14 자네가 누군가를 사랑(연애)하고 있는지 : 여기 처음 등장하고 있는 동사 '에란'(eran)은 207d6 이하에 나오게 될 동사 '필레인'(philein)과 구별될 필요가 있다. 전자는 육체적 교섭을 배제하지 않는 개념인 반면, 후자에는 통상 그런 함축이 배제되어 있다. 둘 각각의 명사형 '에로스'(erōs)와 '필리아'(philia)에 관한 상세한 내용은 아래 204d6 '소년 애인'의 주석(주석 18)과 207c11 '사랑(친애)'의 주석(주석 45) 등을 참고할 것. 양쪽 다 '사랑', '사랑하다'로 옮길 수 있는 후보들이지만, '필리아', '필레인'에 주목하는 이 대화편의 특성 때문에, 우리말에서 유연하게 변형시킬 수 있는 표현을 후자에 부여할 필요가 있다. 그래서 이 말에 어울릴 수 있는 좁은 번역어 '친애'(親愛), '친애하다'를 채택하는 대신 '사랑', '사랑하다'라는 유연한 번역어를 할당하기로 한다. 별다른 언급이 없는 한 '사랑', '사랑하다'는 '필리아', '필레인' 계열 단어를 옮긴 것이다. 그리고 '에로스', '에란' 계열 단어에 굳이 좁은 번역어 하나를 할당하자면 '연애', '연애하다'를 할당할 수 있을 것이다. 그런데 우리말 '연애하다'는 주로 '…와 연애하다'라는 상호적 의미로 쓰이는 말이어서 일방적인 관계를 온전히 드러내기 어렵다. 그래서 어쩔 수 없이 '사랑(연애)', '사랑(연애)하다', '사랑(연애)받다' 등으로 표현하기로 한다. 같은 문맥에서 두 계열 단어가 함께 나올 때는 각각 '사랑(친애)', '사랑(연애)' 등 좁은 번역어를 괄호 안에 밝히는 방식을 취한다.

15 나는 자네가 사랑(연애)하고 있을 뿐만 아니라 이미 그 사랑(연애)에 있어서 아주 멀리까지 가 있다는 것도 알겠으니 말일세 : '에로스'(erōs)가 명사형

으로는 처음 등장하고 있다. 플라톤의 대화편에서 자신의 무지를 끊임 없이 강조하는 소크라테스가 '안다'고 말하는 경우는 아주 드물다. 연애 전문가를 자처하는 이곳 말고 대표적으로 알려져 있는 또 다른 곳은『소크라테스의 변명(Apologia Sōkratou)』29b이다. 거기서 소크라테스는 불의를 행하는 것과 더 훌륭한 자에게 따르지 않는 것이 나쁘고 추한 일이라는 것을 안다고 단언하고 있다.

16 **사랑(연애)하는 자와 사랑(연애)받는 자** : 이 말들에 관해서는 아래 204d6 '소년 애인'의 주석(주석 18)을 참고할 것.

17 **얌전도 하군** : 이렇게 옮긴 '아스테이온'(asteion)은 본래 시내, 도심지를 뜻하는 '아스튀'(asty)에서 나온 말이다. 도회적, 세련됨, 정제됨, 품위, 우아함, 고상함 등의 뉘앙스를 가진 말이다. 물론 여기서는 아이러니컬하게 쓰이고 있다.

18 **소년 애인** : 바로 위 204b에서 언급된 '사랑(연애)'(erōs)이 '소년 연애' (paiderasteia)를 가리킨다는 것이 여기까지의 대화로 이미 분명해졌다. '소년 연애'는 남자 어른들(andres)이 소년들(paides)을 대상으로 맺는 연애 관계를 가리킨다. '잘생긴'(kaloi) 소년들은 강한 성적 매력을 풍기는 것으로 생각되었다. 반면에 남자 어른들은 아무리 잘생긴 자라고 해도 이런 매력을 갖지는 못한 것으로 간주되었다. 그래서 남자 어른들은 '에로스(연애)'라고 지칭되는 열정적인 성적 욕망에 이끌려 소년들을 따라다니게 되는데, 그 에로스의 대상인 소년들은 통상 그 에로스를 공유하지 않는 것으로 생각되었고 또 그래야만 하는 것으로 기대되었다. 이렇게 남자 어른은 능동적인 역할을, 소년은 수동적인 역할을 하기 때문에, 통상 전자를 '에라스테스'(erastēs: 사랑(연애)하는 자], 후자를 '에로메노스'(erōmenos: 사랑(연애)받는 자)로 지칭하는 것이 당시의 관행이었다. 흔히 '에로메노스'를 지금 이 구절에서처럼 '파이디카'(paidika: 소년 애인)라고 부르기도 했다. 파이디카가 에라스테스의 열정에 화답하는 데는 다양한 동기가 있을 수 있었다. 물질적 이득, 사회적 성공 등 낮은 차원의 동기에서부터 애호, 존경, 필리아 등 높은

차원의 동기에 이르기까지 여러 동기가 작용하였다. 하지만 이미 언급한 것처럼 성적 욕망이나 쾌락은 사회적으로 받아들일 만한 동기가 될 수 없었다. 개중에는 어른이 소년에게 성적인 욕망을 자극할 가능성도 얼마든지 있었지만 말이다. 요컨대 에로스는 필리아와 달리 본질적으로 비대칭적인 관계이다. 심지어 소년 연애 관계가 상호 필리아의 관계로 발전한 경우에도 비대칭적 요소는 여전히 남는다. 이런 경우에도 당시 그리스인들은, 에라스테스는 에로스를(그리고 마침 필리아를 덤으로) 작동시키고 있고 파이디카는 필리아를 작동시키고 있는 것으로 일관되게 구분한다. 에로스가 본질적으로 갖는 이런 비대칭성은 이 대화편에서 히포탈레스와 뤼시스가 행동으로 잘 보여 주고 있고, 이 대화편의 본 주제인 필리아를 논의하는 계기가 되는 뤼시스-메넥세노스 관계와 선명하게 구별되고 있다는 점에 주목해 보는 것도 좋을 것이다. 한마디 더 첨언한다면, 이 소년 연애를 우리가 흔히 말하는 '동성 연애'(homosexuality)와 단순히 동일시할 수 있을지는 의문스럽다. 물론 그리스인들 사이에 동성인 사람들 간의 성관계가 행해지고 있었던 것은 분명하며, 따라서 '동성 연애'가 가리키는 종류의 성적 '행위'가 존재했다고 말할 수는 있다. 하지만 그들이 그것 자체를 이성 연애와 대척점에 놓인, 흔히 양립 불가능한, 단일한 현상으로서 체계적으로 구별 내지 개념화했다고 말하기는 어렵다. 그들은 성적인 욕망이나 행동을 그것에 연루된 사람들의 '성(性)이 같은지 다른지'로 분류하기보다는, 오히려 성이나 나이, 사회적 지위 등에 비추어 그 당사자에게 적당하다고 간주되는 '행위 규범을 따르고 있는지 아닌지'로 성적인 행위를 평가했던 것으로 보이기 때문이다.

19 그는 아직 아버지의 이름으로 불리고 있지요 : '데모크라테스의 아들'(209a5)이라고 불린다는 말이다.

20 생김새 : '에이도스'(eidos)는 감각이 아닌 지성에 의해 파악되는 형상을 가리키는 플라톤 자신의 전문 용어이기도 하지만, 여기서처럼 일상어의 용법 그대로 가시적인 '생김새', '모습'의 의미로 쓰이기도 한다.

21 **아익소네** : 아익소네(Aixōnē)는 케크로피스(Kekropis) 구(phylē)에 속하는, 아테네의 마을이다. 그 이름은 아익손(Aixōn)에게서 온 것인데, 아익손은 제우스의 아들 가운데 하나이므로 헤라클레스와는 이복 형제가 된다. 『라케스(Lachēs)』에서 아익소네는 라케스의 고향이며, 사람들이 독설(毒舌)을 잘하기로 이름났던 고장이라고 기술되어 있다(197c).

22 **여기 이 사람들에게 자네가 보여 주고 있는 것들을 내게도 좀 보여 주게** : 여기 두 번 나온 '보여 주다'(epideiknynai)라는 동사에 관해서는 아래 206c5 '시범을 보여 줄'의 주석(주석 34)을 참고할 것.

23 **말 사육** : 당시에 말을 키웠다는 것은 부유한 집안임을 드러내는 징표이다.

24 **퓌티아, 이스트미아, 네메아 경기** : 그리스의 4대 경기 중 셋이 언급되었다. 여기 언급되지 않은 가장 중요한 경기는 엘리스의 올림피아에서 열린 올림피아 경기이다. 두 번째로 중요한 퓌티아 경기는 델포이에서 열렸고, 이스트미아 경기는 코린토스에서, 그리고 네메아 경기는 네메아에서 개최되었다.

25 **얼마 전에도** : 혹은 '엊그저께도'.

26 **그들의 조상** : 아익손.

27 **그 조상 자신이 제우스와 그 마을을 창건한 이의 딸에게서 태어났으니까요** : 이 마을은 위에 언급한 아익소네를 가리킨다. 여기서 언급되고 있는 뤼시스의 조상은 이 마을의 창건자 아익손의 외손자가 되고, 따라서 여기서 말하는 헤라클레스와의 친척 관계는 바로, 앞의 주석 21에서 언급한 아익손과 헤라클레스의 형제 관계에 연유한 것으로 볼 수 있다.

28 **장식** : '코스모스'(kosmos)를 이렇게 옮겼다. 이 말은 본래 '질서', '장식', '꾸밈새' 등을 뜻하고, 결국 (전하는 바에 따르면 피타고라스학파에 의해) 우주를 가리키는 말로도 쓰이게 된다. 원문은 '자네를 꾸며 주는 장식'이 아니라 그냥 '자네에게 장식'이다. 아무튼 그리스어 '코스모스'가 함축하고 있는 '화장', '치장', '꾸밈'의 의미가 기본적으로 '더 돋보이게 함'을 가리키는 것이지, 흉한 것을 감추는 '위장'으로 오해되어서는 안

된다.

29 **멋있고 훌륭한 것들** : 이 '멋있고 훌륭함'(kala te kagatha)에 관해서는 아래 207a3 '멋있고 훌륭한 자'의 주석(주석 42)을 참고할 것.

30 **친구여** : '필로스'의 호격 '필레'(phile)가 나왔다. 뤼시스와 메넥세노스가 등장하는 장면의 이전 대목에서는 유일하게 나오는 필리아 관련어이다.

31 **자기가 사랑(연애)하는 자** : 원문대로 직역하면 '사랑(연애)받는 자'(erōmenos).

32 **훌륭한** : '아가토스'(agathos)는 '좋은'으로 옮길 수도 있지만, 편의상 '훌륭한'으로 통일하였다. '훌륭한'은 '칼로스'(kalos)에도 잘 적용될 수 있는 번역어이지만, 이 번역에서는 별다른 언급이 없는 한 '아가토스'에만 할당하여 쓰겠다. 아래 207a3 '멋있고 훌륭한 자'의 주석(주석 42)을 참고할 것.

33 **이 사람들** : 표면상 드러난 것만 가지고 엄밀하게 말하자면 이 말은 크테시포스가 했으므로 단수로 지칭하는 것이 정확하다고 할 수도 있다. 그렇지만 204c 이하에서 크테시포스는 히포탈레스에게 괴롭힘을 당한 것이 자신만이 아니라 '우리'였음을 여러 차례 강조하였다.

34 **시범을 보여 줄** : 앞 205a에서도 이 단어 '에피데익뉘나이'(epideiknynai)가 두 번 사용된 바 있다. 거기서는 문맥상 '보여 주다'로 옮겼지만, 여기서는 좀 더 의미를 살려 '시범 보이다'로 옮겼다. 수사가들이 자주 하던 시범 연설을 가리키는 전문 용어 '에피데익시스'(epideixis)가 바로 이 동사에서 나왔다.

35 **논의 듣기를 좋아하는 사람** : 그대로 직역하면 '듣기를 좋아하는 사람'이다. '논의'라는 말에 해당하는 부분이 원문에 들어 있는 것은 아니지만 이해를 돕기 위해 덧붙였다.

36 **헤르마이아 축제** : 헤르마이아(Hermaia)는 팔라이스트라와 귐나시온의 수호신인 헤르메스(Hermēs)를 기리는 축제였다.

37 **친합니다** : '친하다'로 옮긴 '쉬네테스'(synēthēs)는 함께 지내어 서로에

게 익숙하다, 서로를 잘 안다. 경우에 따라서는 습성(ēthos)이 비슷하다 등의 뉘앙스를 갖는 말이다.

38 여기 이 크테시포스가 : 원문은 그냥 '여기 이 사람이'로 되어 있다. 이해를 돕기 위해 이름을 밝혀 주었다.

39 제사 의식 : 팔라이스트라의 제사에 관해서는 아래 207d '제사 드리는 일'의 주석(주석 46)을 참고할 것.

40 주사위들 : '주사위들'로 번역한 '아스트라갈로이'(astragaloi)는 짐승의 발 관절의 작은 뼈들을 가리키는데, 특히 그리스의 여인들이 (지금 아이들이 돌멩이를 갖고 노는 게임과 유사한) 여러 단순한 게임에 사용했고, 주사위처럼 사용되기도 했다. 이것의 네 길쭉한 면은 서로 다른 형태로, 즉 각각 평평한 면, 불규칙한 면, 오목한 면, 볼록한 면으로 되어 있었는데, 주사위 놀이에서 각각 별도의 값을 가리켰다.

41 외관 : '옵시스'(opsis)를 옮긴 말이다. 눈에 보이는 모습을 가리킨다. 비슷한 맥락인 204e5에서 히포탈레스는 '에이도스(생김새)'라는 말을 쓴 바 있다.

42 '멋있고 훌륭한 자' : '멋있고 훌륭한 자'로 옮긴 '칼로스 테 카가토스' (kalos te kagathos)는 '아름답다', '멋있다', '고상하다', '훌륭하다', '칭찬할 만하다' 등의 의미를 가지는 '칼로스'(kalos)와 '좋다', '훌륭하다', '좋은 가문 출신이다', '용감하다', '유능하다' 등의 의미를 가지는 '아가토스'(agathos)를 묶은 말인데, 이를테면 영어 문화권의 '신사'(gentleman)나 한자 문화권의 '군자'(君子)에 비견될 만한, 고대 그리스의 이상적 인간형을 가리키는 말이다. 두 단어를 잘 아우를 수 있는 우리말 번역어로는 '정말 훌륭한 자' 정도가 비교적 적절하다 할 수 있겠다. 그런데 일단 원어가 두 단어로 이루어져 있다는 점을 드러내 주는 게 좋고, 두 단어 각각이 여러 다른 대목들에서 사용되고 있는데 '훌륭하다'는 편의상 '아가토스'의 번역어로 할당하는 게 적당하다고 보아 이렇게 옮기기로 한다.

43 누가 더 손위인가 : '프레스뷔테로스'(presbyteros)를 이렇게 옮기는 데

저항감이 있을 수 있다. 너무도 분명한 사실에 관해 두 사람이 다툴 리가 있겠냐는 것이다. 예컨대 보르트(M. Bordt, 1998)는 그런 문제를 지적하면서 '서열상 위'(würdiger)가 누구냐의 문제로 다투고 있다고 이해한다. 그러나 이렇게 옮기는 것은 이 말의 자연스러운 독해가 아니다. 그리고 다툼의 여지가 없어 보이는 너무도 분명한 사실에 관해서도 두 소년이 다투는 모습을 얼마든지 상상할 수 있지 않은가? 페너-로우(T. Penner & C. Rowe, 2005)는 오히려 그 점이 여기서 플라톤이 드러내고자 하는 포인트라고 주장한다. 12–13쪽, 주1.

44 친구들의 것이야말로 공동의 것이라고 이야기되니까 : 피타고라스 학파의 격률 가운데 하나로 알려져 있다. 『국가(Politeia)』 4권 424a, 5권 449c, 아리스토텔레스, 『니코마코스 윤리학』 8권 1159b31 참고.

45 사랑(친애) : 혹은 '우정'. 여기 처음 등장한 '필리아'(philia)라는 말을 어떤 말로 옮겨야 하는가 하는 문제 자체가 이 대화편이 주제로 다루고 있는 영역에 속한다. 이 말의 가장 흔한 번역어가 '우정'이기도 하거니와, 적어도 이 문맥에서만 보면 '우정'으로 옮기는 것이 아주 자연스럽다. 그런데 필리아는 심지어 에로스 관계에 있는 자들끼리의 관계(예컨대 부부사이)에서도 이야기될 수 있는 개념이면서, 동년배 사이의 우정(지금의 문맥에서처럼), 부모-자식처럼 가족 구성원 간의 사랑 등도 포괄하는 넓은 개념이다. 그래서 이 번역에서는 주제어의 통일성을 기하기 위해 '사랑'으로 옮기되, '에로스'와 구별이 필요한 맥락에서만 '사랑(친애)'으로 옮기기로 한다.

46 제사 드리는 일 : 헤르마이아 축제의 제사 프로그램에는 아이들(paides)과 젊은이들(neoi)만 참가할 수 있었고, 체육 선생(paidotribēs)은 그 프로그램을 관리, 감독하는 직무를 수행하였다.

47 그가 제사 드리는 일을 맡고 있는 거라는 생각이 들었네 : 여기서 도입 대화가 마무리된다고 볼 수 있다. 대화의 계기는 소크라테스가 아카데미아에서 성벽을 따라 뤼케이온으로 가다가 히포탈레스와 크테시포스를 비롯한 일단의 젊은이들을 만나게 되는 데서 시작한다. 히포탈레스

는 소크라테스를 그냥 보내 주려 하지 않는다. 그는 소크라테스가 잠시 자신들의 집회 장소(팔라이스트라)에 들러 주기를 권유하는데, 소크라테스가 사절하기 어려운 로고스와 칼로스라는 핑계를 사용한다. 즉 그곳에 들르면 멋있는(kalos) 젊은이들과 어울려 논의(logos)를 나눌 수 있다고 유혹한다. 그러나 이내 그의 본심은 사실 다른 데 있었음이 밝혀진다. 자칭 '연애 전문가'(ta erōtika … sophos: 206a1)인 소크라테스에게 작금의 자신의 연애에 대한 조언을 얻고자 하는 내심을 갖고 있었던 것이다(206b9-c3). 이런 그의 내심을 간파한 소크라테스는 그의 애인 뤼시스를 만나 대화 시범을 보임으로써 간접적으로 그의 요구에 응하겠다고 부분적인 응낙을 한 후 팔라이스트라로 들어간다. 물론 여기서 안으로 들어간 소크라테스가 히포탈레스의 요구를 잠시 잊기라도 한 듯이 뤼시스와 메넥세노스의 (경쟁적인) 친구 관계에 대해, 그것도 메넥세노스에게 먼저 묻고 있기는 하다. 그러나 '필로스', '필리아' 등의 말이 여기서 처음 등장하여, 이후 논의 주제를 암시하고 있다. 또 아래 2장 논의의 귀결 가운데 하나로서, 뤼시스가 지혜롭지 못하므로 친구가 되려면 지혜로워져야 한다는 점이 밝혀지는 과정은 대화의 주된 계기로 설정된 히포탈레스의 희망에 간접적으로 부응하는 논의가 되고 있다.

48 **정말로** : 혹은 '아마도'.

49 **사랑하지** : 여기서 처음 등장한 '필레인'(philein)이라는 말은 흔히 '친구'로 번역되는 '필로스'에서 파생된 말이다. 아마 원래 의미는 '누군가/무언가와 필로스로서 관계한다'는 정도의 말이었을 것이다. 따라서 두 말이 같은 뿌리를 갖고 있다는 점을 드러내 주는 번역어를 찾는 것이 좋을 것이다. 나중에 두 말이 함께 사용되는 문맥(특히 212a9에서 213c8까지)에서는 더더욱 그러하다. 그러나 우리말에서 양자를 잘 연결시킬 수 있는 번역어를 찾는 데는 한계가 있으므로, 앞에서도 말했듯이 잠정적으로 '사랑하다'로 옮기기로 한다.

50 **원하겠지** : '원하다'에 해당하는 원어는 '불레스타이'(boulesthai)이다. 여

기 2장(207d4-211a1)에서 동사 '불레스타이'와 '에피튀메인'(epithymein)은 거의 상호 교환 가능한 말처럼 사용되고 있다(특히 전반부(207d4-209a4)에서 그러하다). 다시 언급하겠지만, 이 부분 후반부(209a4-211a1)에 '불레스타이'만 등장하는 것은 이후 논의들에서 '에피튀메인'이 중요한 논의 대상으로 부각되는 것과 무관하지 않다. 이런 점을 고려하면 두 말을 서로 다른 번역어로 옮기는 것이 적절하다. 이 부분에서는 전자는 '원하다'로, 후자는 '…하고자 하다' 혹은 '…하기를 바라다'로 옮기겠다. '에피튀메인'만 나오는 이후 문맥에서도 이 구분은 계속 유지하겠지만, 적절한 시점에서 '욕구하다'라는 번역어를 도입할 것이다.

51 하고자 하는 : 혹은 '욕구하는'. 위 주석 50에서도 언급했듯이 '에피튀메인'의 번역이다.

52 바란다면 : '에피튀메인'의 번역.

53 다름 아닌 : 이 말에 해당하는 부분이 원문에 들어 있는 것은 아니지만 이해를 돕기 위해 덧붙였다.

54 아니, 그럼 누가 자네를 다스리는가? : "아니, 그래도 누군가가 자네를 다스리긴 하지?"로 옮길 수도 있다.

55 보호자 : '보호자'로 옮긴 '파이다고고스'(paidagōgos)는 글자 그대로 보면 '아이를 이끄는 자', 즉 '아동 보호자'를 뜻한다. 아이가 성년(즉 18세)이 될 때까지 아이의 등하교 길을 따라다니고, 학교에 있는 동안 지켜보아 주는 등, 아이의 바깥나들이에 따라다니는 노예를 가리킨다. 즉 부모나 선생이 없는 상황에서 그들 대신 아이를 돌보아 주거나 감독하는 가노(家奴)를 가리킨다. 이렇게 보면 '따라다니는' 노예이긴 하지만 부모나 선생 대신 '이끄는' 역할을 하기도 하므로, 여기 번역어는 전자의 측면을 잘 드러내지 못하는 한계가 있다. 참고로 그리스어 성서(갈라디아서 3장 24절)에 나오는 '파이다고고스'는 전통적으로는 '몽학선생'(蒙學先生, 한글판 개역)으로, 최근에는 '개인교사'(표준 새번역)로 옮겨졌는데, 이는 율법을 가리키는 문맥을 고려하여 후자의 측면을 강조

한 번역이다. 두 측면을 온전히 담아내는 자연스런 우리말 표현이 없어 아쉽다.

56 제 선생님 댁에 : '학교에'라는 뜻인데, 이어지는 대화와의 연결을 위해 이렇게 옮겼다. 원문에 '제'에 해당하는 단어가 나오지는 않지만, 오해를 피하기 위해 덧붙였다.

57 웬걸요 : 이 말에 해당하는 부분이 원문에 들어 있는 것은 아니지만 이해를 돕기 위해 덧붙였다.

58 원, 세상에! : 직역하면 '헤라클레스시여!'

59 아무것도 : 혹은 '아무도'.

60 데모크라테스의 아들이여 : 앞에서(207d5, 209a3 등) '뤼시스'라고 이름을 부르던 소크라테스가 여기서 '데모크라테스의 아들'이라고 호칭하는 것은 지금 대화의 맥락과 무관하지 않은 설정이다. 부권에 무반성적으로 순응하는 뤼시스의 태도에 경각심을 불러일으키고자 하는 소크라테스의 의도가 들어 있는 표현이라 할 수 있다.

61 나이가 안 찼다는 게 : 원문은 그냥 '그것이'로 되어 있다.

62 누군가가 뭔가를 : 사본들에 나오는 'tina'를 'ti ē'로 고쳐 읽은 배덤(Badham)의 추정을 받아들였다. '누군가가'에 해당하는 부분이 원문에 들어 있는 것은 아니지만 이해를 돕기 위해 덧붙였다.

63 원할 : 이미 언급한 대로, 이제까지는 '불레스타이'와 '에피튀메인'이 혼용되었는데, 여기 2장에서는 전자만 사용되고 있다.

64 짚거나 놓는 : 직역하면 '팽팽하게 하거나 늦추는'.

65 채로 치는 : '채'로 옮긴 '플렉트론'(plektron)은 본래 '치는 도구'라는 뜻이다. '가조각(假爪角)으로 퉁기는'으로 옮길 수도 있었지만, 전해 오는 유물들이나 이미지들 가운데 대개 손가락에 끼우는 플렉트론이 아니라 손에 쥐는 플렉트론이 많이 나타나는 것으로 판단되어 이렇게 옮겼다. 뤼라는 대개 손으로 뜯기보다는 플렉트론으로 쳤다고 한다.

66 앞에 이야기한 : 이 말에 해당하는 부분이 원문에 들어 있는 것은 아니지만 이해를 돕기 위해 덧붙였다.

67 더 사리 분별을 잘한다 : '벨티온 프로네인'(beltion phronein)을 옮긴 말이다. 아래에서 이 '프로네인'(사리 분별하다)이라는 말을 가지고 계속 논의가 이루어지며 나중에는 이 말을 두고 언어 유희까지 펼쳐지게 된다(210d).

68 대왕(大王) : 페르시아 전쟁 이후 '대왕'(ho megas basileus)이라는 말은 부유하고 유복한 페르시아 왕을 가리키는 데 사용되었다.

69 아시아 : 당시에 '아시아'(Asia)는 소아시아 지역을 가리킨다.

70 바로 그 아들에게는 : 원문은 '바로 그에게는'으로 되어 있다. 이해를 돕기 위해 '아들'을 보충하여 주었다.

71 친애하는 : '필로스'의 호격 '필레'가 또 나왔다. '친애하는' 대신 '친구'로 옮길 수도 있다.

72 분별 있는 : 계속 '사리 분별하다'로 옮기고 있는 '프로네인'의 형용사 형태 '프로니모이'(phronimoi)를 이렇게 옮겼다.

73 분별력 : '누스'(nous)를 이렇게 옮겼다. 흔히 '지성', '제 정신', '지각' 등으로 번역되는 말이다. 여기서는 '누스를 가진다'는 말이 '프로네인(즉 사리 분별)한다'는 말과 거의 같은 의미로 사용되고 있다.

74 우리에게 더 가까운 어떤 자 : '우리에게'에 해당하는 부분이 원문에 들어 있는 것은 아니지만 이해를 돕기 위해 덧붙였다. 전체 문맥 때문에 '티 오이케이오테론'(ti oikeioteron)을 '더 가까운 자'라고 다소 의역했지만, 이 부분만 생각하여 원문의 중성을 좀 더 살린다면, '더 가까운 것'이 된다. 우리 자신에게 부모보다 더 가깝다고 할 만한 것이 있다면, 아마도 우리 영혼이나 이성 등이 가능한 후보가 될 수 있겠다. 플라톤이 보기에, 이런 것들을 포괄하는 말로 남성보다 중성이 더 자연스러웠을 것이다. '더 가깝다'로 옮긴 말은 '오이케이오스'(oikeios)라는 말의 비교 표현인데, '오이케이오스'는 '집', '가정', '가문'을 뜻하는 '오이코스'(oikos) 혹은 '오이키아'(oikia)에서 파생된 말로서, 일차적으로 '…와 함께 사는 자'를 뜻하고 통상 친척을 가리키는 말이다. 아래 210d에서는 '친척'으로 옮겼다. 그리고 그 중성형 '오이케이온'(oikeion)은 '자신

에게 속하는 것', '고유한 것' 혹은 '적절한 것' 등의 의미로 확장된 말인데, 결국 이것이 나중에(10장에서) 다시 친구가 무엇인가의 한 후보로 주제화되어 다루어지게 된다. 우리는 일관되게 '가까운'으로 옮길 것이다.

75 친구 : 혹은 '소중한 자'. 이제 본격적으로 나오기 시작한 '필로스', '필로이'는 대개 '친구'로 옮기되, 필요할 경우 그것의 특수한 문맥상 의미를 지금처럼 주석에 제시하겠다.

76 친구 : 혹은 '호의를 가진 자'.

77 자네 친척들 : 혹은 '자네에게 가까운 자들'.

78 친구 : 혹은 '호의를 가진 자'.

79 누군가가 아직 제대로 생각을 못하고 있는 것들에 대해 (자신을) 대단하게 생각할 수 있는가? : '제대로 생각하다'로 옮긴 말의 원어는 '프로네인'이다. 엄밀하게 말하면 '제대로'에 해당하는 부분이 원문에 들어 있는 것은 아니지만 이해를 돕기 위해 덧붙였다. 아래에 계속 나오는 '제대로'도 마찬가지이다. 앞에서는 '프로네인'을 '사리 분별하다'로 옮겼는데, 여기서는 맥락을 살리기 위해 번역어를 바꾸었다. 이 대목을 원어대로 옮기면 "프로네인도 못하는 자가 어떻게 메가 프로네인을 할 수 있는가?"라는 질문이다. '메가 프로네인'(mega phronein)은 일상어적 의미로 '자신을 대단하게 생각하다', '자부심을 갖다'라는 말이다. 그런가 하면 그 말을 그냥 말 그대로 풀면 '대단한 생각을 하다', '대단한 사리 분별을 하다'이다. 여기서 소크라테스는(혹은 글쓴이 플라톤은) 이제까지 써 왔던 '프로네인'이라는 말을 '메가 프로네인'이라는 일상적 관용어와 연결시켜 일종의 언어 유희를 구사하고 있다. 이 유희의 맥락을 좀 더 잘 살리기 위해 번역어를 바꾼 것이다. 이제 질문을 정리하면 다음과 같다. 1) "생각(사리 분별)도 못하는 자가 어떻게 대단한 생각(사리 분별)을 할 수 있는가?"(이 말의 본디 의미) → 2) "생각도 못하는 자가 어떻게 (자신을) 대단하게 생각할 수 있는가?"(이 말의 일상적 용법)

80 도대체 어떻게 그럴 수 있겠습니까? : "그것까지야 어찌 하겠습니까?"로

옮길 수도 있다. 아직 프로네인도 못하는데 메가 프로네인까지야 어찌 하겠느냐라는 반문으로 이해하는 것이다.

81 그렇다면 자넨 대단한 생각을 가진 자도 아닌 거네. 아직 제대로 된 생각이 없다면 말일세 : 이제 소크라테스는 '프로네인'이라는 동사에서 파생된 형용사들을 사용하면서 위의 말장난을 계속하고 있다. "자네는 생각 없는 자(aphrōn)이므로 대단한 생각도 없는 자다. 그러니까 자신을 대단하게 생각하는 자(megalophrōn)가 될 수도 없다"는 방식으로 뤼시스를 몰아세우고 있는 것이다. '프로네인' 관련어를 '사리 분별'로 옮기는 방식을 사용하면, "자네가 아직 분별력이 없다면, 대단한 분별력을 가진 자도 아닌 거네"라고 번역할 수도 있다.

82 소년 애인과 대화를 나눌 때는 바로 이런 방식으로 해야 하네 : 206c에서 소크라테스는 히포탈레스에게 소년 애인과 어떻게 대화해야 하는지 시범(epideixis)을 보이마고 약속한 바 있다.

83 하지만 메넥세노스가 나를 논박하려 할 때는 옆에서 꼭 좀 거들어 주게. 그가 논쟁에 능하다는 걸 알지 않는가? : 메넥세노스가 '논박하다'(elenchein), '논쟁에 능하다'(eristikos) 등으로 묘사되고 있는데, 이는 앞으로 전개될 논의가 논쟁적인 혹은 미세한 언어 분석적 차원의 것임을 시사하고 있다.

84 혼내 주시라는 : '콜라제인'(kolazein)이 갖는 또 다른 뉘앙스인 훈육의 뉘앙스를 살려 '한 수 가르쳐 주시라는'으로 옮길 수도 있겠다.

85 무서운 : '데이노스'(deinos)를 그냥 직역하였다. 두려움을 느끼게 할 정도로 대단히 영리하다, 호락호락하지 않다 등의 뉘앙스를 가진다고 보면 되겠다.

86 아무에게도 : '메데노스'(mēdenos)를 남성으로 보았는데, 중성으로 이해하여 '아무것도'로 옮기는 번역도 가능하다.

87 여기 이 사람이 내가 말하고 있는 것들 가운데 어떤 것을 이해하지 못하고 있고 오히려 메넥세노스는 안다고 생각한다면서 그에게 물어보라고 권하고 있던 참이네 : 소크라테스의 이 말은 적어도 외견상 부분적으로 거

짓말이다. 즉 뒷부분의 말은 뤼시스가 한 적이 없다. 오히려 메넥세노스에 관해 뤼시스가 소크라테스에게 한 말은 그의 논쟁술에 신경 쓰지 말고, 그를 혼내 주라는 내용이었다. 소크라테스의 말은 이런 뤼시스의 험담을 덮어 줌으로써 그가 곤란을 겪지 않게 하려는 소크라테스의 배려에서 나온 선의의 거짓말일 수 있다. 이전의 대화에서 인기인(人氣人) 뤼시스를 여지없이 깔아뭉갠 소크라테스가 이제 그의 난처한 입장을 배려해 주고 있는 것이라고 볼 수 있다는 말이다. 그러나 이 말은 외견상 거짓말로 보여도 사실은 거짓말이 아니다. 이 점에 관한 상세한 논의는 강철웅(2007)을 참고할 것. 여기서 '생각한다'의 주어를 서양의 모든 번역자들은 '뤼시스'로 보고 있지만, 플라톤의 논의 구도를 면밀히 검토해 보면 여기서 주어는 '메넥세노스'로 보아야 한다. 그렇게 보면 이 부분 역시 실제 내용상으로는 거짓말이 아니게 된다. 한편 앞부분의 말은 외견상으로도 거짓말이 아니다. 이 말을 메넥세노스의 능력에 관한 앞에서의 그의 언급과 연관 지어 볼 때, 논쟁에 서툰 뤼시스가 친구에 관한 이전 논의인 2장에서 이해에 미진한 부분을 갖고 있으니 논쟁에 능한 메넥세노스와 더불어 친구에 관한 본격적인 논의를 다시 시작해 보자는 의미로 받아들일 수 있다. 더욱이 '친구'라는 말이 아주 애매하게, 적어도 세 가지 쓰임새로 사용되고 있음이 이미 2장에서 드러났으므로 논쟁에 능한 자가 논의에 적격일 것이라는 의도도 일면 함축되어 있다. 이렇게 2장에서 3장으로 전환하는 장면에는 이후 3장 논의가 언어 차원의 것이리라는 암시가 들어 있다. 그런데 이런 암시 못지않게 이 전환 장면이 갖는 또 다른 역할을 생각해 볼 수 있다. 친구가 되는 데는 유용성과 훌륭함이라는 계기가 (또한 가까움이라는 계기가) 필요하다는 2장의 결론적 함축이 전적으로 동의되고 아무런 반박도 행해지지 않은 상태에서 메넥세노스의 출현이라는 극적 설정에 의해 다음 논의로 넘어가게 함으로써, 이런 계기들이 앞으로의 대화 배면에 지속되도록 해 주고 있는 것이다.

88 얻기를 바라고 : 이제 다시 '에피튀메인' 및 그 파생어들이 등장하기 시

작한다. 여기서 '…를 바라다'로 옮긴 말들은 다 그 계열 단어들의 번역이다.

89 **연연하네** : 에로스와 같은 계열의 단어인 '에로티코스'(erōtikōs)를 이렇게 옮겼다.

90 **가장 좋은 메추라기나 수탉보다도** : 메추라기나 수탉의 싸움을 사람들은 아주 좋아했고, 싸움을 잘하는 동물은 아주 비쌌다고 한다.

91 **훌륭한 친구** : 그냥 '친구'가 아니라 '훌륭한' 친구라고 말하고 있는 점에 유의할 필요가 있다.

92 **개에 맹세코** : 소크라테스가 가끔 쓰는 맹세 표현인데(예컨대 『소크라테스의 변명』 22a 등), 이 대화편에서는 단 한 번 여기서만 등장한다. 이제까지 '제우스 신께 맹세코'라는 표현을 줄곧 써 오다가, 개를 언급한 이 대목에서만 살짝 맹세 대상을 개로 바꾸고 있어 흥미로우며, 소크라테스(따라서 글쓴이 플라톤)의 기지(奇智)가 엿보인다. 맹세 대상인 개는 개의 머리를 한 이집트의 신 아누비스(Anubis)를 가리킨다고 한다.

93 **다레이오스** : 앞서 언급했듯이 페르시아 왕은 세상에서 가장 부유한 사람으로 생각되었다. 다레이오스 2세는 기원전 424년부터 405년까지 페르시아의 왕이었다. 여기 다레이오스를 다레이오스 1세(기원전 521년부터 486년까지 통치)로 보는 견해도 있다(슐라이어마허 등).

94 **그리고 다레이오스 자신보다도 오히려 동료를** : 사본들에 전해지는 대로 'mallon ē auton Dareion'으로 읽었다. 다만 'mallon'과 'ē' 사이에 'de' 쯤이 들어가 있는 것으로 생각하여〔벗맨(Buttmann)의 제안〕 이렇게 옮겼다. 'e-'를 빼고 읽으면 '그리고 다레이오스 자신보다도 오히려 동료를' 대신 '즉 오히려 다레이오스 자신을'이라고 옮길 수 있겠지만, 굳이 그렇게 텍스트를 고쳐 읽어야 할 불가피한 이유는 없어 보인다. 이 부분 전체를 삭제하자는 샨츠(Shanz)의 제안도 받아들이지 않았다.

95 **동료를 사랑하는** : '필레타이로스'〔philetairos: 본래는 필−헤타이로스 (phil-hetairos)〕를 옮긴 것인데, 여기서 소크라테스는 '헤타이로스'(동료)라는 말을 그것의 특수한 의미 때문에 도입했다기보다는 단지 '필로스'

(친구)라는 말의 대용어로 사용하고 있는 것으로 보인다. 그러니까 이 말의 일상어적 쓰임새인 '자기 동지를 좋아한다', '자기 동료에게 충실하다' 등의 의미와는 좀 다르게 '친구/동료를 얻고 그 관계를 유지하기를 바란다'는 의미로 사용하고 있다는 것이다. 이는 바로 앞에서 이 말의 뜻을 '훌륭한 친구가 내게 생기기를 원한다'(e3-4), '동료를 얻는 것을 택한다'(e7)로 규정하고 있다는 데서도 분명히 드러나 있다. 여기서 소크라테스가 '필로스' 대신 '헤타이로스'라는 말을 사용한 것은 아마도 '필로-필로스'(philo-philos)라는 어색한 표현을 굳이 도입하고 싶지 않아서였을 것이다. '필로필로스'(philophilos)는 나중에 아리스토텔레스의 저작에서 처음 등장하는 것으로 보인다.

96 자네는 이 사람을, 또 이 사람도 자네를 빨리, 그러면서도 철저하게, 그토록 친한 자로 얻어 냈으니 말일세 : '그토록'을 다른 말에 붙여 다음과 같이 옮기는 방식도 가능하다. "자네는 이 사람을, 또 이 사람도 자네를 그토록 빨리, 그러면서도 그토록 철저하게, 친구로 얻어 냈으니 말일세."

97 자기가 사랑하는 자에게서 : 이 말에 해당하는 부분이 원문에 들어 있는 것은 아니지만 이해를 돕기 위해 덧붙였다.

98 그가 사랑을 되받든 : 전해지는 사본(B와 T)대로 'kai antiphilētai'로 읽으면 '사랑을 되받든'인데, 앞의 'kai'를 부정어 'mē'로 바꾼 뮐러(H. Müller)의 추정을 따라 'mē antiphilētai'로 읽으면 '사랑을 되받지 못하든'이 된다. 이 추정이 나온 것은 뒤의 말 '심지어 …까지'(kai)와 잘 어울리지 않는다고 보았기 때문인 것 같다. 이 추정의 수용 여부는 212b7, 212c2, 212c6, 212e7, 213a1 등 유사 구절들에 나오는 'kai'와 비교하면서 판단해야 한다. 아래 212e7의 'kai'에 대한 주석(주석 106)을 참고할 것.

99 친구 : 여기서는 남성형이 아닌 중성형 '필론'(philon)이 사용되었다. '소중한 것'으로 새길 수도 있다.

100 그들 각각이 이것들을 사랑하지만, 이것들은 그들에게 친구가 아니며 : '그들에게'에 해당하는 부분이 원문에 그대로 나오는 것은 아니지만 이

해를 돕기 위해 덧붙였다. 그 말을 보충하지 않고 "그들 각각이, 이것 들이 친구가 아닌데도, 이것들을 사랑하는 건가?"로 옮길 수도 있다. '친구'로 옮긴 말의 원어는 중성 복수 '필라'(phila)인데, 이해 방식에 따라 '소중한 것들'로 새길 수도 있고, '호의를 가진 것들'로 새길 수도 있다.

101 친구인 : 남성 복수 '필로이'가 사용되었다. '소중한'으로 새길 수도 있다. 또 서사시적 의미를 살려 '그 자신의'로 새길 수도 있고, 솔론이 실제로 그 의미로 썼을 가능성 역시 배제할 수 없다. 그러나 여기서 소크라테스는 '필로스'의 의미에 나름의 해석을 부여하면서 인용하고 있으므로, 우리의 번역은 그런 해석을 반영할 필요가 있다고 본다.

102 아이들 : '자식들'이라는 좁은 의미로 이해할 수도 있고, 소년 연애의 대상을 가리키는 것으로 볼 수도 있다.

103 이방인 친구 : '이방인 친구'로 옮긴 '크세노스'(xenos)는 단지 외지인, 외국인을 뜻하는 것만이 아니라, 외지인이면서 서로 환대해 주기로 약조를 맺은 사람들(혹은 국가들)을 가리킨다. 쌍무 협약적 관계이므 로 손님이 주인에게 크세노스일 뿐만 아니라 주인이 손님에게 크세 노스이기도 하다. 사랑 혹은 우정의 상호성이 문제되고 있는 맥락에 서 이 인용은 아주 적절한 것이라 하겠다. 흔히 이 말을 이방인 '손님' 으로 (예컨대 영어 번역자들은 대개 'guest-friend'로) 옮기지만, 이런 상호 적 관계를 잘 드러내는 번역어라 하기 어렵다. 여기 맥락은 이 '행복 한 자'가 타지를 여행할 때를 주로 염두에 두고 있는 것으로 보이는 데, 이 경우는 '손님'이라기보다는 오히려 반가이 맞아 줄 '주인'으로 서의 이방인 친구를 가리킨다. '필로스'의 번역어 '친구'와 완전히 별 개의 말로 옮기는 것이 좋겠지만, 그런 우리말 표현이 없어서 편의상 '이방인 친구'로 옮길 수밖에 없었다.

104 행복한 자이다. 그에게 친구인 아이들과 통 발굽을 가진 말들과 / 사냥개들 과 타지에 사는 이방인 친구가 있는 자는 : 솔론, 단편 23(J. M. Edmonds, 1931).

105 친구 : 혹은 '소중한 것'. 중성형 '필론'.

106 사랑하든 : 부정어 'mē'를 첨가한 샨츠의 추정을 따르면 '사랑하지 않든'이 된다. 샨츠의 추정은 앞의 212c6에서 뮐러가 'kai'를 'mē'로 수정했던 것과 똑같은 이유에서 나온 것으로 보인다. 두 사람의 수정이 212b8-c2와 212e6-7의 '심지어 미워하기까지' 한다의 'kai'의 의미를 더 자연스럽게 해 주는 것은 분명하다. 즉 '사랑받는 자가 사랑하지 않든, 심지어 미워하기까지 하든'으로 읽으면 '미워하다'에 붙은 'kai'가 자연스럽게 읽힌다. 바로 다음 213a의 문맥이 이런 자연스러운 독해를 지지해 주는 것이 분명하다. 이 수정은 텍스트의 여러 곳에 과도한 실수를 인정해야 하는 부담이 있다. 그리고 양보되는 두 항목을 '사랑하든, 아니면 사랑하지 않든'으로 보는 것이 원래 텍스트의 의도인데, 둘째 항목이 '미워하기까지 하든'으로 대치되어 강조되었다고 보면 이해에 큰 무리가 없다고 볼 수도 있다. 그렇지만, 지금 이루어지고 있는 논변들의 첫 단계(212a-212c)에서 "한쪽만 사랑하면 둘 다"가, 즉 "사랑하거나 받는"이 배제되었다는 점을 고려하면 수정된 텍스트가 논변의 흐름을 더 잘 구성해 주는 것이기는 하다.

107 가장 친구라네 : 중성 복수 최상급 '필타타'(philtata)가 사용되었다. '가장 소중하다네'로 새길 수도 있다.

108 미워하는 자 : 전해지는 사본들(B와 T와 W)에는 모두 'philōn'(사랑하는 자)으로 되어 있다. 그러나 논의의 흐름이 손상되지 않으려면 이렇게 'misōn'(미워하는 자)으로 고쳐 읽을 수밖에 없다.

109 친애하는 벗이여 : '오 필레 헤타이레'(ōphile hetaire). '동료'로 옮겼던 '헤타이로스'를 자연스러움을 살리기 위해 '벗'으로 옮겼다. 상호 치환 가능한 말로 등장하던 두 단어가 동시에 등장하였다.

110 자신을 : 이 말에 해당하는 부분이 원문에 그대로 나오는 것은 아니지만 이해를 돕기 위해 덧붙였다. 아래에 세 번 더 나오는 '자신을'도 마찬가지이다.

111 누군가가 자신을 미워하지 않는 것을 미워하거나 : 전해지는 사본들(B와

T)을 따르면 '누군가가 자신을 미워하는 것을 사랑하거나'로 번역된다. 앞 절과의 대비와 의미를 고려할 때 '미워하는' 앞에 부정어 'mē'를 넣고, '사랑하다'는 '미워하다'로 고쳐 읽는 것이 좋겠다.

112 저로서는 전혀 길을 찾지 못하겠습니다 : 'ou pany euporō'. 그러니까 전문 용어로 말해 아포리아(aporia)에 이르렀다는 말이다. 이 말을 부분 부정으로 이해하여 '저로서는 길을 아주 잘 찾지는 못하겠습니다'로 옮기는 것도 불가능하지는 않지만, 문맥상 전체 부정으로 새기는 것이 좋겠다.

113 뤼시스 : 원문에 이 이름이 나오는 것은 아니고, 그냥 '저 사람'으로 되어 있다.

114 하지만 : 혹은 내용을 고려하여 '그러니'로 바꿔 읽는 방식도 있을 수 있다.

115 그런 고찰 : 혹은 일반화하여 '우리의 고찰'로 옮길 수도 있다.

116 시인들을 따라 숙고하면서 : 'ta'를 삭제한 하인도르프(Heindorf)의 추정을 따라 읽었다. 원문 그대로 읽으면 '시인들이 해 준 말들을 살펴보면서' 정도로 옮길 수 있을 것이다.

117 실로 언제나 신은 비슷한 사람을 비슷한 사람에게로 이끈다 : 『오뒤세이아』 17권 218행. 'pōs'('대체로' 혹은 '어떤 방식으로')라는 말이 이미 암시하고 있는 것처럼, 소크라테스의 인용이 원문 그대로는 아니다. 원문에는 서두가 'hōs aiei'로 되어 있는데, 여기 인용문 서두는 'aiei toi'로 되어 있다. 아마도 이런 차이는 원문에서 앞 문장을 설명해 주는 역할을 하고 있는 접속사 'hōs(영어의 'as'에 해당함)'까지 인용하는 것은 불필요하다는 생각 때문이기도 하겠지만, 이 작품이 생생한 대화의 재현이라는 점을 부각시키려는 글쓴이 플라톤의 의도 때문이라고도 볼 수 있다.

118 아주 : 혹은 '가장'.

119 우주 : 본래 '전체'를 뜻하는 '토 홀론'(to holon)을 이렇게 옮겼다. 우리가 보통 '우주'라고 번역하는 말은 '질서', '장식' 등을 뜻하는 '코스모

스'(kosmos)이다. 세상을 가리키는 말로 '만물'(to pan), '전체'(to holon) 대신 '우주'(kosmos)를 끌어들인 것은 피타고라스학파였다고 한다.

120 이들은 물론 자연과 우주에 관해 논의를 나누고 저술을 하는 사람들이네 : 비슷한 것이 비슷한 것과 친하다는 생각을 표명한 자연철학자들로 는 엠페도클레스나 데모크리토스 등이 있다. 예컨대 엠페도클레스의 DK31 B62.6(『선집』 11.85), B90(『선집』 11.117), B109(『선집』 11.136) 등 과 데모크리토스의 DK 68B164(『선집』 14.47) 등에서 확인할 수 있다 〔여기 인용된 『선집』의 번호는 김인곤 외 편역(2005)의 장 번호와 단편 번호이다〕.

121 서로 : 이 말에 해당하는 부분이 원문에 들어 있는 것은 아니지만 이 해를 돕기 위해 덧붙였다.

122 말할 수 있는 : 혹은 '가지고 있는'.

123 비슷한 다른 것에 의해 : 이 말에 해당하는 부분이 원문에 들어 있는 것은 아니지만 이해를 돕기 위해 덧붙였다.

124 존중될 : 혹은 '소중히 여겨질', '흡족히 여겨질', '아낌을 받을' 등으로 옮길 수도 있다. 여기서 처음 등장하는 '아가판'(agapan)은 이미 나온 '에란', '필레인'과 함께 우리말 '사랑하다'로 옮길 수 있는 또 하나의 후보가 되는 말이다. 이 말은 문헌상에서 성애(性愛), 즉 '에란' 대신에 는 거의 쓰이지 않고, '필레인'과는 상호 교환 가능한 의미로 쓰이기 도 하나, 애정이나 호의보다는 오히려 존경이나 존중을 함축한다는 점에서 구별될 수도 있다. 나중에 70인역 성서에서는 신과 인간 사이 의 사랑(그리고 그것이 인간들 간의 관계로 확장된 것)에 대해 쓰이기도 했다. 여기서는 이런 여러 사정들과 더불어 문맥까지도 고려하여 '존 중하다'로 옮기기로 한다.

125 아무것도 필요로 하지 않는 자 : 혹은 '아무것도 부족하지 않은 자'.

126 존중하지 않는 자는 : 혹은 '존중하지 않는 것은'.

127 어디서 : 혹은 '어떻게'.

128 옹기장이는 옹기장이에게 적의를 품고 있고, 소리꾼은 소리꾼에게, / 그리

고 거지는 거지에게 적의를 품고 있다 : 헤시오도스, 『일과 날』, 25-26
행. 여기서 소크라테스는 원래의 헤시오도스 시구를 약간 변형하여
인용하고 있다. 원래 시구는 다음과 같이 번역될 수 있다. "옹기장이
는 옹기장이에게 적의를 품고 있고, 목수에게는 목수가 그러하고, /
그리고 거지는 거지에게 질투심을 갖고 있고, 소리꾼은 소리꾼에게
그러하다."

129 서로에 대한 : 이 말에 해당하는 부분이 원문에 들어 있는 것은 아니
지만 이해를 돕기 위해 덧붙였다.

130 친구일 : 혹은 '호의를 가질'.

131 자기와 : 이 말에 해당하는 부분이 원문에 그대로 나와 있는 것은 아
니지만 이해를 돕기 위해 덧붙였다.

132 반대되는 것 : 원문에는 이 말에 해당하는 부분이 그대로 나오지 않
고, 그냥 '이런 것'으로 되어 있다.

133 욕구하니까 : 혹은 '바라니까'. 이제부터 '에피튀메인'을 '욕구하다'로
옮길 것이다.

134 적어도 이렇게 우리가 전해 듣는 한에서는 : '전해'에 해당하는 부분이
원문에 들어 있는 것은 아니지만 이해를 돕기 위해 덧붙였다. '적어도
이런 내용의 말을 했다고 전해 들은 한도 내에서 판단하자면'이라는
뜻인 것 같다.

135 얼씨구나 싶어서 : 직역하면 '흡족해져서'.

136 친구인 것 : 혹은 '우호적인 것'.

137 친구인 것 : 혹은 '우호적인 것'.

138 그렇다면 적대적인 것이 친구인 것에게 친구(인 것)인가, 아니면 친구인 것
이 적대적인 것에게 친구(인 것)인가? : 중성의 뉘앙스를 무시하면 이렇
게 옮길 수도 있다. "그렇다면 적이 친구에게 친구인가, 아니면 친구
가 적에게 친구인가?"

139 바로 그런 것 : 즉 훌륭하지도 나쁘지도 않은 것.

140 논의가 곤경에 빠져서 : 말 그대로 옮기면 '논의의 곤경으로 인해'가 된

다. '논의를 어떻게 이어갈지 막막해서'로 새길 수도 있다.

141 옛 속담마따나 아름다운 것이 친구가 아닐까 하네 : "아름다운 것이 사랑
받는 것"이라는 구절이 테오그니스의 시 가운데 나온다고 한다.

142 친구인 : 혹은 '호의를 가진'.

143 자기와 같은 유의 것 : 즉 훌륭하지도 나쁘지도 않은 것.

144 친구가 될 : 혹은 '호의를 가질'.

145 자기와 같은 유의 것 : 즉 훌륭하지도 나쁘지도 않은 것.

146 친구가 된다 : 혹은 '호의를 가지게 된다'.

147 어떤 다른 : 이 말에 해당하는 부분이 원문에 그대로 나오는 것은 아
니지만 이해를 돕기 위해 덧붙였다.

148 친구가 아니니까 : 즉 호의를 가지지 않으니까.

149 의사에게 친구이네 : 원문에는 이 말에 해당하는 부분이 그대로 나오
지 않고, 그냥 '그러하네'로 되어 있다.

150 나쁜 것이 와 있기 때문에 : 이제부터 계속 '와 있음'으로 옮기게 될 '파
루시아'(parousia)는 '…에게 와 있다', '…곁에 와 있다' 등으로 옮길 수
있는 동사 '파레스틴'(parestin)의 명사형이다. x가 y에게 와 있을 때,
x는 y에게 와 있는 것(to paron)이라고 표현되고, 반대로 y는 x를 가
진 것(to echon)이라고 표현된다(217e2). 아래에서 밝혀지겠지만, '곁
에'라는 표현은 내용상 적절하지 않은 문맥이 있어서 채택하지 않았
다. 같은 이유에서 한자어 '현전'(現前) 등도 채택하지 않았다.

151 그것 : 즉 나쁘지도 훌륭하지도 않은 것.

152 그것이 이미 나쁜 것이 되어 있다면, 정말이지, 도대체 훌륭한 것을 조금도
욕구하지 않을 테고, 훌륭한 것의 친구가 전혀 아닐 테니까 말일세 : 전해
지는 사본들(B와 T)을 있는 그대로 받아들이기는 어렵다. 우선 구문
상으로만 보면 'tou agathou' 앞의 'esti(n) anti'를 그대로 둘 경우 뒤
의 희구법과 잘 어울릴 수 없게 되므로, 'esti(n)'는 살비니(Salvini)의
추정을 따라 'eti'로, 'anti'는 슈미트(C. Schmidt)의 추정대로 'an ti'로
바꾸어 읽는 것이 좋겠다. 이렇게 구문을 바로잡고 나면 다음과 같이

번역할 수 있다. "그것이 이미 나쁜 것이 되어 있다면, 그것은 정말이지, 도대체 자기가 욕구하는 훌륭한 것의 친구조차도 전혀 아닐 테니까 말일세." 그런데 이 문장은 의미상 217e8-9의 다음 문장과 상충한다. "그것을 나쁘게 만드는, 나쁜 것의 와 있음은 그것에게서 훌륭한 것에 대한 욕구도 사랑도 빼앗아 버리네." 따라서 여기서는 'tou agathou' 뒤의 'hou'를 빼고 읽는 최근 편집자들의 독해 방식을 따랐다.

153 칠 : 즉 색깔을 어떤 것(x)에 칠한다고 할 때의 그 색깔.

154 칠해진 대상 : 즉 색깔을 어떤 것(x)에 칠한다고 할 때의 그 어떤 것 (x).

155 그렇다면 그때 칠해진 대상은 색에 있어서, 덧붙어 있는 것과 같은 유의 것이기도 한가? : 전해지는 사본들(B와 T)을 그대로 둘 경우 '그런데 그때 칠은 색에 있어서, 여전히 (남아) 있는 것과 같은 유의 것이기도 한가?'로 읽게 된다. 이렇게 읽으면 의미가 잘 통하지 않으므로, 'epaleiphthen'을 'aleiphthen'으로, 'eti on'을 'epon' 혹은 'epion'으로 바꿔 읽는 하인도르프의 추정을 받아들이는 것이 좋다.

156 다음과 같이 생각해 보세 : '생각해 보세'에 해당하는 부분이 원문에 들어 있는 것은 아니지만 이해를 돕기 위해 덧붙였다.

157 아직은 : 노령의 경우를 염두에 둔 표현일 것이다.

158 자기들에게 와 있는데도 : '와 있다' 앞에 붙어 있는 '자기들에게'는 해당 부분이 원문에 그대로 나와 있는 것은 아니지만 이해를 돕기 위해 덧붙였다. 아래에서 네 번 더 나오는 '자기(들)에게'도 마찬가지이다.

159 와 있는 : 이 말에 해당하는 부분이 원문에 들어 있는 것은 아니지만 이해를 돕기 위해 덧붙였다.

160 자기에게 와 있는 것과 같은 유의 것 : 즉 나쁜 것. '자기에게 와 있는 것과'에 해당하는 부분이 원문에 들어 있는 것은 아니지만 이해를 돕기 위해 덧붙였다.

161 앞의 논의에서 : 이 말에 해당하는 부분이 원문에 들어 있는 것은 아니

지만 이해를 돕기 위해 덧붙였다.

162 **훌륭한 것은 나쁜 것에게 친구가 아니었네** : 믿을 만한 사본들(B와 t)을 그대로 따라도 문제가 없다고 생각한다. 버넷(J. Burnet)이 따르고 있는 하인도르프의 추정은 '훌륭한 것은 나쁜 것에게'(agathon kakōi)를 서로 격을 바꾸어 '훌륭한 것에게 나쁜 것이'(agathōi kakon)로 읽자는 제안이다. 이 제안은 이 문장이 217c1-2를 가리키는 것으로 보자는 것이다. 페너-로우(2005)도 그 제안을 적극적으로 받아들이고 있다 (246쪽과 344쪽). 하지만 사본을 그대로 두고 217c1-2가 아니라 더 앞의 216d8-e1을 가리키는 것으로 보아도 상관없으므로 불필요한 수정인 것 같다. 왜냐하면 이 두 구절은 격(格)으로만 보면 정반대의 구절인 듯 보이지만, 소크라테스가 '친구'라는 말의 상호적 용법을 염두에 두고 두 구절을 동일시하고 있기 때문이다.

163 **지혜를 사랑하지** : 철학의 어원이 된 '필로소페인'(philosophein)을 옮긴 말이다.

164 **신이건 인간이건 간에 이미 지혜로운 자들이 더 이상 지혜를 사랑하지 않는다고 말할 수 있을 것이고, 그런가 하면 나쁜 자들이 될 정도로 무지를 가진 자들 역시 지혜를 사랑하지 않는다고 말할 수 있을 것이네** : 『소크라테스의 변명』 20d, 29b 등에서 언급하고 있는 소크라테스 자신이 대변하는 무지의 앎, 즉 '인간적 지혜'와 자신의 무지를 자각하지 못하는 자들의 '가장 비난받을 만한 무지'의 대비를 떠올리게 하는 대목이다.

165 **친구인 것과 아닌 것** : '친구인 것이 무엇이고 또 무엇이 아닌지'로 새길 수도 있고, '무엇이 친구이고 무엇이 친구가 아닌지'로 새길 수도 있다. 'ho estin to philon kai ou'의 번역인데, 마지막 단어 'ou(οὔ)'를 부정어 'ou(οὔ)'가 아니라 관계대명사 'hou(οὗ)'로 읽자는 세들리(D. Sedley, 1989)의 제안도 참고할 만하다. 그 제안을 따르면 이 구절은 '무엇이 무엇의 친구인지' 혹은 '무엇이 친구인지, 또 그게 무엇의 친구인지' 쯤으로 이해될 수 있다. 그의 제안은 이 대화편이 정의(定義) 대화편이 아니라는 주장과 긴밀히 연결되어 있다. 보르트(M. Bordt,

2000)는 이 제안을 수용하면서도 정의 대화편임을 부인하지 않는 견해를 제출하고 있다(157쪽 주4). 세들리의 제안에 반대하는 견해로는 페너-로우(2005) 113-114쪽 주42를 참고할 것.

166 도대체 무슨 말씀이신지? : '도대체 왜 그런 말씀을 하시는지?'로 옮길 수도 있다.

167 나는 우리가 친구에 관한 그런 모종의 〈거짓〉 논변들을 만난 것이, 말하자면 사기꾼인 사람들을 만난 것과도 흡사한 게 아닐까 염려스럽네 : 원래 사본에 들어 있는 '거짓'(pseudesin)이라는 형용사는 내용상 후대의 첨가일 가능성이 많으므로 삭제하자는 하인도르프의 제안을 받아들였다. '그런 모종의 논변'이 가리키는 대상이 애매하게 처리되어 있는 원문의 정신에 가깝게 옮기면 다음과 같다. '나는 우리가, 마치 사기꾼인 사람들을 만나듯이, 친구에 관한 그런 종류의 어떤 〈거짓〉 논변들을 만난 게 아닐까 염려스럽네.' '사기꾼'으로 옮긴 '알라존'(alazōn)은 그 어원상 정처 없이 떠도는 사람을 가리키며, 소피스트를 가리킬 때 흔히 쓰이던 말이라는 점이 주목할 만하다. 이 말이 등장하는 다른 대화편들 가운데, 특히 『카르미데스(Charmidēs)』 173c 전후 부분은 이 대목과 비교해서 읽을 필요가 있다.

168 어떤 자 : 혹은 '어떤 것'.

169 자기 : 이 말에 해당하는 부분이 원문에 그대로 나오는 것은 아니지만 이해를 돕기 위해 덧붙였다.

170 다음과 같이 살펴보면 : 직역하면 '다음과 같은 식으로는'.

171 친구 : 즉 사랑받는 것.

172 친구 : 즉 사랑받는 것.

173 〈친구의〉 : 버넷이 추가한 것. 이 추가 사항까지 고려하면, 이 구절은 '몸이 건강을 위해서, 병 때문에 의술의 친구'라는 내용을 '친구'와 '적'으로 적당히 치환하여 정리한 것이다.

174 자기 : 이 말에 해당하는 부분이 원문에 그대로 나오는 것은 아니지만 이해를 돕기 위해 덧붙였다.

175 친구(인 것) : 즉 사랑받는 것.

176 친구 : 혹은 '소중한 것', '사랑받는 것'.

177 바로 그 어떤 것 : 즉 건강이 x를 위해서 친구라고 했을 때의 x에 해당하는 어떤 것.

178 포기하고 : 사본들(B, T)에 있는 'kai'를 그대로 두었다. 샨츠의 제안대로 'ē'로 바꾸어 읽으면 '포기하거나 아니면'이 될 것이다.

179 환원되지 : 직역하면 '거슬러 올라가지'.

180 오히려 첫째 친구인 바로 그것(…)에 가 있게 되는 : 'all' hēxei'를 삭제하자는 샨츠의 제안을 받아들이지 않고 원문대로 읽었다.

181 바로 저 첫째 친구를 위해서 : 원문에는 이 말에 해당하는 부분이 그대로 나오지 않고, 그냥 '바로 저것을 위해서'로 되어 있다.

182 생각을 위해서 : 혹은 '생각 때문에'. 사실 여기서 'heneka'는 '…을 위해서'보다는 '…때문에'로 옮기는 것이 더 자연스러우면서 문맥에도 잘 들어맞는 번역일 수 있다. 그런데도 이렇게 번역한 것은 이 말이 이 대화편에서(215d6에서 처음 등장한 이후, 특히 이하에서는 줄곧) 'dia'와 확연히 대비 혹은 구별되어 사용되고 있다는 사실을 간과할 수 없기 때문이다. 이 문맥들에서 'dia ti'는 사랑하는 자가 자기에게 없는 훌륭한 것을 추구하는 데 실제적 원인 역할을 하는 것(즉 나쁜 것의 와 있음)에 대해 쓰인 반면, 'tou heneka'는 그가 마음 속에 가지고 있는 목적(즉 훌륭한 것)을 가리키는 데 사용된다. 'heneka'가 '…때문에'라고 옮길 수도 있는 말이긴 하지만, 두 말의 이런 용법 차이를 고려하면, 'dia'와 구별되는 번역어를 일관되게 사용하는 것이 좋겠다.

183 포도주 세 코튈레 : '코튈레'(kotylē)는 액체를 담을 수 있는 작은 용기의 이름이다. 포도주를 물과 섞는 데 쓰인 큰 사발(kratēr)에서 (물 탄) 포도주를 덜어 내는 용도로 사용된, 더 작은 컵인 퀴아토스(kyathos) 여섯 개에 해당하는 액체를 담을 수 있다. 여기서는 액량의 측정 단위를 가리키는 말로 쓰였는데, 현대의 단위로 약 1/2파인트(pint)에 해당한다. 참고로 1파인트는 1/2쿼트(quart), 즉 (영국식 단위로) 약

0.57리터에 해당한다. 따라서 여기서 말하는 포도주 세 코튈레는 약 0.85리터 정도의 포도주 양을 가리킨다.

184 어느 한쪽이 다른 쪽에 비해 더 가치 있다고 여기지 않는 것인가? : 즉 양쪽에 똑같은 가치를 부여하는가?

185 향해서 : 여기 'epi'를 '…을 위해서'로 옮길 수도 있는데, 'heneka'와 구별해 주기 위해 편의상 '…을 향해서'로 옮겼다.

186 향해서 : 혹은 '위해서'. 바로 위의 'epi'와 같은 이유로 이렇게 옮겼다.

187 즉 그런 온갖 진지한 관심을 기울인 게 이것들(즉 어떤 것을 위해 마련되는 것들)을 향해서가 아니라 저것(즉 이런 온갖 것들이 바로 그것을 위해서 마련된다고 할 때의 그것)을 향해서인가? : 앞의 첫 번째 선택지는 예컨대 x가 y를 위해 마련되고 있다고 할 때, x와 y에 똑같은 가치가 부여되는 경우라고 할 수 있는 반면, 여기 두 번째 선택지는 x(여기서는 '이것들'이라고 표현됨)가 아니라 y(여기서는 '저것'이라고 표현됨)가 바로 그런 온갖 진지한 관심이 지향하는 바라고 간주되는 경우를 가리킨다.

188 그게 : 즉 금과 은이 가치 있다는 것이.

189 친구 : 중성 복수 '필라'가 사용되었다.

190 그것들(즉 다른 어떤 친구를 위해서 바로 그것들이 우리에게 친구라고 우리가 말할 때의 그것들)에 대해서, 우리는 첫째 친구를 친구라고 할 때와는 다른 말로 그렇게 말하는 것이 분명하니까 말이네 : '첫째 친구를 친구라고 할 때와는'은 해당 부분이 원문에 들어 있는 것은 아니지만 이해를 돕기 위해 덧붙였다. '다른 말로'는 'heteroi rhēmati'를 옮긴 것이다. 전해지는 사본들(B와 T)의 'heteroi'를 'heterou'로 고쳐 읽자는 헤르만(Hermann)의 제안이 있었다. '다른 말로'라는 말을 얼른 이해할 수 없기 때문에 고치자는 제안일 것이다. 그의 제안을 받아들이면 다음과 같은 문장이 될 것이다. "다른 어떤 친구를 위해서(heneka philou tinos heterou) 그것들이 우리에게 친구(phila)라고 우리가 말할 때의 그것들에 대해서, 우리는 말로[만](rhēmati) 그렇게 말하는 것이 분명하니까 말이네." 이렇게 되면 원래 사본의 문장보다 훨씬 강한 주장을 하는 문장

이 된다. 즉 첫째 친구 이외에 '친구'라고 말해지는 것들은 단지 말로만 그렇게 말해질 뿐 참으로 친구인 것은 아니라는 점을 함축하게 된다. 하지만 텍스트를 고치지 않아도 다음 문장으로 이어지면서 문맥을 통해 그런 함축이 자연스럽게 드러난다고 생각한다. 따라서 여기서는 쉽게 텍스트를 고치기보다는 '다른 말로'라는 말을 '첫째 친구를 친구라고 말할 때와 (비록 같은 말을 쓰긴 하지만) 다른 뜻이나 용법을 가진 말로'라는 의미로 받아들이는 것이 좋겠다.

191 제거되어 : 직역하면 '떠나서 방해가 되지 않는 상태가 되어'.

192 적을 위해서 : 일상어적 용법대로 '적 때문에'로 옮길 수도 있다. 그렇게 옮긴다는 것은 이 문맥에서 플라톤이 이제까지 해 온 'heneka'와 'dia' 구별을 떠나 'heneka'가 'dia'의 의미(즉 '…때문에'의 의미)를 함께 갖는 일상어적 용법으로 돌아가 있다고 보는 것이다. 하지만 우선 좁은 문맥도 '친구를 위해서'와 대비되는 '적을 위해서'를 필요로 한다. 게다가 이런 언급을 있는 그대로 받아들인다면 다음과 같은 이해도 가능하다. 소위 친구들과 달리 진짜 친구인 첫째 친구는 어떤 다른 '친구를 위해서' 친구라고 할 수 없다. 그러니까 목적 계열에서 그것보다 상위의 것을 가지지 않는다. 그러나 방금 전 논의에 따라 친구 혹은 훌륭한 것이 성립하려면 반드시 나쁜 것이 있어야만 한다는 점을 고려하면, 이를테면 친구가 '나쁜 것을 위해서' 친구라고 할 수 있다. 그러니까 나쁜 것이 단순히 앞의 논의에서처럼 단순히 그것이 있기 '때문에' 그것을 없애려고 훌륭한 것이 사랑받는 일종의 직접적 동인에 머무는 것이 아니라, 훌륭한 것(혹은 친구)을 훌륭한 것(혹은 친구)으로 성립시키는 일종의 목적인 노릇을 하는 것이라고까지 말할 수 있을지 모른다. 바로 이런 생각이 받아들이기 어려운 것이어서 지금 논의는 다시 아포리아에 빠지게 되는 것 같다. 보다 상세한 논의는 〈작품 해설〉을 참고할 것.

193 그런데 적이 떠나가 버리면, 참으로 친구인 것은 더 이상 우리에게 친구가 아닌 것 같네 : '참으로 친구인 것'에 해당하는 원문의 단어는 그냥 '그

것'이다. '그것'에 대한 이해를 달리 하여 '그런데 적이 떠나가 버리면, 우리에게 친구인 것은 더 이상 없을 것 같네'라고 옮길 수도 있다.

194 소멸되고 나면 : 'apolētai'(단순 과거).

195 소멸되어 버렸으니까 : 'apolōlotos'(현재 완료).

196 소멸되고 있을 : 'apollyētai'(현재).

197 함께 소멸되고 있어야 : 'synapollysthai'(현재).

198 그렇다면 나쁜 것들이 소멸되고 있을 때마다, 나쁘지 않은 것들이 나쁜 것들과 함께 소멸되고 있어야 할 무슨 적절한 이유가 있는가? : 여기서 소크라테스는 동사 'apollysthai'(소멸되다)를 진행 시제(즉 현재)로 쓰고 있다. 그런데 위의 두 곳(220e7과 221a4)에서는 완료 시제(즉 단순 과거와 현재 완료)로 쓴 바 있다. 이 두 부류의 시제가 나타내는 상(相, aspect)의 차이를 고려하면, 여기 문장은 나쁜 것이 소멸되고 있는 과정에 대한 물음이라고 볼 수 있다. 이 문장 이후 이 동사는 계속 완료의 상으로 사용된다(특히 221c1, 3, 4). 즉 나쁜 것의 제거가 이미 한꺼번에 이루어진 것으로 간주한 상태에서 논의가 계속된다. 물론 이 동사가 나오는 바로 다음 구절(221b6)은 텍스트 상태가 좋지 않아 논의의 여지가 있지만 말이다.

199 소멸되고 난 : 'apolētai'로 읽었다. 전해지는 사본들 중 B와 T는 'apollētai'로 읽고 있고, W는 'apolyētai'로 읽고 있다. 더 오래된 독해인 전자는 현재 접속법이려면 'y'가 들어간 'apollyētai'가 형태상 맞다. 후자는 이런 형태상의 오류를 고치려고 뒤의 'l'을 'y'로 고쳐 읽은 것이지만, 그것이 단순 과거 접속법이려면 'y'가 빠진 'apolētai'가 형태상 맞다. 따라서 여기서는 최근 편집자들이 제안하고 있는 바로 이 마지막 형태를 받아들이는 것이 좋다고 생각한다. 의미상으로도 여기서 현재로 읽으면 앞의 'kai' 때문에 '소멸되고 있을 때에도'가 되어 바로 앞 질문의 조건절과의 연결이 좋지 않다. 따라서 이 문장은 나쁜 것이 소멸되고 난 후의 상태를 묻는 원래의 질문(220e6에서 221a5까지의)에 대해 대답을 주는 것으로 보고[이 문장 서두의 'ara'(221b5)

를 보아도 이것은 분명하다), 나쁜 것이 소멸되고 있는 시점에 대한 질문인 바로 앞 질문은 이 대답에 도달하기 위한 과정으로 보는 것이 좋겠다.

200 어떤 친구(인 것)들 : 혹은 '어떤 사랑받는 것들'.

201 나쁜 것이 : 원문에는 이 말에 해당하는 부분이 그대로 나오지 않고, 그냥 '이것이'로 되어 있다.

202 친구 : 혹은 '사랑하는 것'.

203 친구 : 혹은 '사랑하는 것'.

204 바로 그것의 친구 : 혹은 '바로 그것을 사랑하는 것'.

205 뭔가를 필요로 하는 것은 : 원문에는 이 말에 해당하는 부분이 그대로 나오지 않고, 그냥 '그것은'으로 되어 있다.

206 가까운 것 : 혹은 '자신에게 속한 것'. 앞의 210c '우리에게 더 가까운 어떤 자'의 주석(주석 74)을 참고할 것. 거기서 이미 언급한 대로 '오이 케이오스'(oikeios)라는 말은 '자신에게 속한'과 '동종적인'이라는 두 의미를 다 가진 말이다. 우리말의 자연스러움 때문에 후자 계열에 속하는 '가까운'이라는 번역어를 택했지만, 내용을 이해할 때는 전자 계열이 더 일차적 의미라는 점을 감안하고 읽을 필요가 있다. 후자 계열로 이해할 때도 '가깝다'는 말이 '비슷하다'는 말과 곧바로 동일시되어서는 안 된다. 비슷한 것은 이미 앞에서 친구 후보로 제시되었다가 기각된 바 있다. '가깝다'가 '비슷하다'와 얼마나 비슷한 것인가 하는 물음 자체가 실은 지금 여기서 문제시되고 있는 것들 가운데 하나이다. 나중에 스토아학파 윤리학의 핵심 개념 가운데 하나인 '오이케이오시스'(oikeiosis: 자기 것으로 삼음)가 바로 이 개념을 발전시킨 것이라는 점도 주목할 만하다.

207 가까운 사람들 : 혹은 '서로에게 속한 자들'.

208 모습 : 혹은 '부류'로 옮길 수도 있다. '에이도스'(eidos)를 그렇게 옮기는 것은 이후 『국가』 4권(440e8-441a3 등)에서 영혼의 '부분'을 가리킬 때 사용되는 용어이기도 하다는 점을 염두에 두는 것이다. 다음 주석

209를 참고할 것.

209 혼의 어떤 습성에 있어서든, 아니면 기질이나 모습에 있어서든 : 위 주석 208에서 언급한 대로 '에이도스'를 '부류'로 옮기는 정신에 따라 이 구절을 읽으면 '혼의 어떤 습성이나 기질이나 부류에 있어서든'으로 새길 수 있을 것이다. 그러나 '혼의'가 뒤의 '기질이나 모습/부류'에까지 적용되는지는 논란의 여지가 있다. 여기서는 218b8-c1에서 좋고 나쁨에 있어서 혼만이 아니라 몸이 고려 대상이 된다는 점을 감안하여 이렇게 옮겼다. 비슷한 선택을 한 사례로는 로우(C. Row, 2000) 213쪽과 페너-로우(2005) 349쪽을 참고할 것.

210 가까운 자 : 혹은 '사랑(연애)받는 자 자신에게 속한 자'.

211 가까운 것 : 혹은 '자신에게 속한 것'.

212 메넥세노스가 말했네 : 원문에는 그냥 "그가 말했네"로 되어 있다.

213 자기와 : 이 말에 해당하는 부분이 원문에 그대로 나오는 것은 아니지만 이해를 돕기 위해 덧붙였다.

214 마치 그 논의에 취한 : 'methyomen'으로 읽었다. 전해지는 사본들(B와 T)에는 '말하다', '이야기하다'는 뜻을 가진 'mytheuomen'으로 되어 있고, 'methyomen'은 T 텍스트의 여백에서 발견되는 말이다. 오래된 사본에 쓰여 있는 전자를 사용하여 온전하고 문맥에 합당한 은유를 구성하는 해석이 나오기 전까지는 후자를 받아들일 수밖에 없을 것 같다.

215 모든 것에게 : 혹은 '모든 자에게'.

216 가까운 것 : 혹은 '자기 것'.

217 자신과 같은 짝 : 이 말에 해당하는 부분이 원문에 들어 있는 것은 아니지만 이해를 돕기 위해 덧붙였다.

218 메넥세노스가 말했네 : 원문에는 그냥 "그가 말했네"로 되어 있다.

219 생각하고 있었네 : '생각하고 있었다'(ōiometha)는 말은 훌륭한 자가 훌륭한 자에게 친구라는 명제가 실제로 반박된 것이 아니라 외견상으로만 반박된 것이라는 저자 플라톤의 암시로 읽을 수도 있을 것이다.

이 주장을 제기한 폰 아르님(H. von Arnim, 1914) 62쪽과 그에 동의하는 칸(C.H. Kahn, 1996) 291쪽 주48을 참고할 것.

220 다시 숙고해 : 혹은 '다시 열거해'로 옮길 수도 있다.

221 혀 꼬부라진 소리로 : 원래 '이방인(barbaros)처럼 알아들을 수 없는 그리스어를 말하다'라는 뜻의 말 'hypobarbarizein'을 이렇게 옮겼다. 이 말만으로는 그들이 원래 이방인이어서 그렇다는 것인지, 아니면 술 취해서 그렇다는 것인지가 불분명하다.

222 늙은 사람 : 이 대화편의 극중 연대를 짐작할 수 있는 거의 유일한 단서라 할 수 있다.

작품 안내

『뤼시스』는 흔히 플라톤의 이른바 '소크라테스적 대화편' 혹은 '초기 대화편'에 속하는 작품으로 받아들여진다. 소크라테스가 등장하여 덕에 관련된, 특히 덕의 '정의'(定義)에 관련된 문제를 놓고 대화 상대자를 '논박'(elenchos)하는 방식으로 대화를 진행하다가 외견상 긍정적인 결과 없이 '아포리아'로 끝나 버리는 이른바 '초기 저작'의 통상적인 특징들을 공유하고 있다는 점을 고려하면, 이 작품의 저작 연대는 비교적 무난하게 설정된 것이라 할 수 있다.

그렇지만 이 작품은 단순히 덕의 정의 문제를 다루고 있다고 말하기 어려운 측면들을 가지고 있다. 이 작품에서 이루어지고 있는 논박도 대화 상대자의 믿음을 대상으로 삼고 펼쳐지는 다른 대화편들에서의 논박과는 다르다. 이 대화편이 아포리아로 끝나게 되는 것도 그저 이모저모로 진지한 모색을 펼치다가 더이상 헤쳐 나갈 길이 없어 막막해진 탓이라고만 치부할 수 없는 대목들이 있다. 논의가 애초부터 '필로스'(philos)라는 일상 언어의 애매성을 그대로 끌어들인 상태에서 진행된다는 점을 놓고 보면, 처음부터 이미 아포리아는 불가피한 것으로 예정 내지 예견된 것이 아닌가, 아니 심지어 그렇게 유도된 것이 아닌가 하는 의혹을 살 만도 하다. 이런 점들에 주목하여 이 작품을 넓은 의미의 '소크라테스적 대화편'에 포함시키면서도 '초기 저작'으로 묶는 것에는 유보적인 입장을 취할 수도 있을 것이다. 그러나 이 작품은 이른바 '중기 저작'들에서 발견되는 생각들이 아직은 충분히 무르익지 않았지만, 그런 생각들을 향해 가는 데 필요한 아이디어와 개념들이 어느 정도 마련되어 있는 단계의 작품이라고 추측할 수 있다. 그러니까 굳이 이 작품의 집필 시기를 어렴풋하게나마 고정시켜야 한다면, 아마도 초기가 거의 끝날 무렵이라고 이야기할 수 있을 것이다.

이런 독특한 성격 때문에 『뤼시스』는 접근하기가 쉽지 않다. 그렇기에 많은 논란거리나 생각거리를 담고 있음에도 불구하고 그에 합당한 주목을 받지 못했다. 그러나 이 작품이 그다지 주목을 받지 못한 근본적인 이유는 어쩌면 이 작품이 다루고 있는 주제의 특성에서 찾아야 할지도 모른다. 서양 지성사에서 『뤼시스』는 흔히 '우정'이나 '사랑'이라고 번역하는 필리아(philia)를 본격적으로 다룬 최초의 작품이라고 할 수 있다. 필리아가 우리 일상 생활에서 중요한 가치를 지닌 덕목이라는 생각이 널리 공유되고 있음에도 불구하고, 정작 그것을 주제로 삼은 학문적인, 특히 철학적인 논의는 요즈음 찾아보기 어렵다. 그런 논의를 발견하려는 사람은 동서양을 막론하고 고전으로 돌아갈 수밖에 없다. 이렇게 필리아가 현대 사유에서 제자리를 못 찾고 있는 데는 우선 근대 서양이 키워 온 개인주의적 성향이 한몫하는 것 같다. 독립적인 개인으로서의 자기에 관심을 집중하면서 필리아라는 덕목을 거추장스럽거나 진부한 것으로 치부하게 된 경향이 있는 듯하다. 물론 이런 사유를 문제시하면서 '우리'라든지 '연대', '형제애' 등을 강조하는 경향(공동체주의 등)도 현대 사유에 포함되어 있지만, 이것 또한 다른 편 극단에서 보편성이나 개방성, 공공성을 중시함으로써 사적이고 특수한 관계로서의 필리아를 시야에 잡아 두지 못한다. 이렇듯 현대 사유에서 필리아는 많은 이들이 그 중요성을 공감함에도 불구하고, 독립적인 논의 주제 노릇을 하지 못하고 학적 논의의 변방으로 밀려나 있다.

일반인이나 전문가 모두가 『뤼시스』에 대해 큰 관심을 보이지 않았던 데는 이제까지 말한 독특성이나 난해함, 주제의 진부함 외에 다른 요인들도 있다. 고전에서 굳이 이 주제나 유사 주제를 찾아보겠다고 나서는 사람들에게는 이 작품보다 더 세련되거나 인상적인 것으로 보이는 작품들이 얼마든지 있다는 것이다. 나중에 플라톤 자신이 쓰게 되는 『향연(Symposion)』과 『파이드로스 (Phaidros)』, 그리고 그의 제자 아리스토텔레스가 쓰게 되는 『니코마코스 윤리학(Ethika Nikomacheia)』(특히 8, 9권) 등이 바로 『뤼시스』를 '소품'(minor work)의 그늘 속에 머물게 한 이른바 '대작들'(major works)이라 할 만하다. 그런데 우리가 놓치면 안 될 것은 그 진전된 작업들에서 다루는 문제의 핵심적인 줄기들이 모두 이 작품에 적절한 방식으로 배치되어 있다는 점이다. 플라톤이 그 작품들에서 개진하는 에로스론이나 아리스토텔레스가 윤리학 저작에서 펼치는 필리아론은 모두 이 작품에서의 논의를 토대로 삼아 새로운 모색을 시도한 것이다. 그러므로 이 작품은 그런 발전된 논의들을 이해하기 위한 기초 작업의 대상이 된다는 점에서 무시하기 어렵다. 그러나 이 작품의 가치가 단지 그런 '대작'들로 가는 발판 역할에 그치는 것은 아니다. 그 작품들이 각각 따로 떼어서 주목하는 에로스와 필리아가 이 작품에서는 한데 뭉뚱그려져 다루어지고 있는데, 플라톤이 이 문제를 이렇게 다루고 있는 이유가 과연 무엇일까 하는 것이 이 작품을 읽는 우리를 사로잡는 대목 가운데 하나이다. 분리되어야 할 것들이 아직 선명하게 분리되지 않은 채 제시되어 있는 그저 설익은 단계의 생각일 뿐이라고 치부할 것이 아니라 이 주제들이 왜 이런 방식으로 문제되고 있는지를 먼저 물음으로써, 우리는 이 주제들이 왜 그리고 어떤 방식으로 분리되고 정교해지는지도 더 잘 이해하게 되리라고 생각한다.

그 물음들에 대답하는 것은 결국 그런 물음들을 안고 작품 속으로 여행을 떠나는 읽는 이 각자의 몫이다. 그 여행의 길목에서 나는 그 여행지 이곳저곳의 풍경들을 내가 경험한 대로 스케치함으로써 여행자가 일정한 기대를 가지거나 계획을 세우도록 도움을 줄 수 있을 뿐이다. 이런 스케치가 필요 없는 이는 본문으로 바로 들어가도 좋을 것이다. 아무튼 이런 종류의 안내가 일정한 해석 방향을 선택할 수밖에 없다는 것, 그러므로 나의 스케치는 이 작품을 여행하는 여러 길 가운데 그저 하나일 뿐이라는 것을 여행자들이 놓치지 않기를 바라면서, 각 장별로 간략한 스케치를 시도해 보기로 한다.

　* 여기서 간명함을 위해 사용된 그리스어 개념들이 생소할 수도 있을 것이다. 관련 본문의 주석에서 상세한 설명을 만날 수 있다. 그리고 스케치의 성격상 본문보다 간결하게 정리되어 있거나, 반대로 본문보다 상세하게 해설되어 있는 부분들이 있을 수밖에 없다. 각 장별 스케치를 가장 효과적으로 이용하기 위해서는 본문 없이 이 스케치만으로 모든 논의를 정리하려 할 것이 아니라, 우선 이 스케치를 단숨에 읽으면서 대강의 흐름을 파악한 다음, 바로 본문으로 들어가 직접 플라톤과 만나고, 나중에

필요할 때마다 되돌아와 옮긴이의 스케치와 비교해 가며 읽는 이 자신의 생각을 정리하고 발전시키는 것이 최선의 방식일 것이다.

　* 읽는 이들 가운데 여기 언급되는 용어나 개념들이 생소하다거나 상세한 설명이 필요하다고 느끼는 이는 플라톤의 생애나 저작, 사상을 소개하는 기본서의 도움을 받는 것이 좋다. 한둘만 언급하자면, 우선 거드리(W. K. C. Guthrie, 1975)가 아직까지도 이 분야에서 정평이 나 있는 기본서이다. 하지만 그 책의 무게와 영어가 부담스러운 이에게는 비교적 간결하고 접근이 쉬운 보르트(M. Bordt, 2003)가 유용할 것이다.

　* '에로스'와 '필리아'를 번역할 때, 아무 설명 없이 '사랑'으로 옮긴 것은 모두 '필리아' 계열의 단어이다. '에로스' 계열 단어는 모두 '사랑(연애)'으로 옮긴다. '필리아' 계열 단어가 '에로스' 계열 단어와 함께 쓰일 때는 구별을 분명히 해 주기 위해 '사랑(친애)'으로 옮긴다. 다음과 같이 도식화할 수 있겠다.

행위(명사)	'에로스': 사랑(연애)	'필리아': 사랑(친애)→사랑
행위(동사)	'에란': 사랑(연애)하다	'필레인': 사랑(친애)하다→사랑하다
행위자(명사)	'에라스테스': 사랑(연애)하는 자	'필로스': 친구
	'에로메노스': 사랑(연애)받는 자	

1. 에로스와 필리아 (도입)

영향력 있는 고대 플라톤 텍스트 편집자 트라쉴로스가 기원전 1세기 초에 '필리아에 관하여'라는 부제를 덧붙였다는 사실을 굳이 떠올리지 않더라도, 이 대화편의 주제가 필리아라는 것은 아주 분명해 보인다. 흥미롭게도 플라톤은 그 주제를 도입하는 형식적인 틀로 에로스를 사용하고 있다. '필리아'라는 개념을 우리말로 옮길 때 어쩔 수 없이 '사랑'과 '우정' 사이에서 갈등을 겪게 되는데, 이 작품은 그 형식적 틀에서 이미 그 갈등과 고민을 자연스럽게 겪도록 예비하고 있는 셈이다. 이런 틀을 사용함으로써 플라톤이 무엇을 의도하고 있는지는 자못 흥미로운 문젯거리라 할 수 있다. 아무튼 에로스와 필리아를 대조시키는 플라톤의 논의 구도는 플라톤 자신이 필리아 문제를 폭넓은 시야에서 조망하고자 시도하고 있다는 느낌을 준다.

소크라테스는 평소에 성벽 밖에 있는 귐나시온들을 자주 찾아다녔다. 멋있는(kalos) 젊은이들과 만나 논의(logos)를 나눌 수 있기 때문이었다고 한다. 그런데 이 대화편의 무대는 소크라테스가 평소에 자주 다니던 귐나시온인 아카데미아와 뤼케이온이 아니라 그 둘 사이 어디엔가 있는 팔라이스트라(레슬링 도장)이다. 소크라테스는 아카데미아에서 뤼케이온으로 가는 도중에 최근 생긴 팔라이스트라 앞에서 히포탈레스를 만나게 되고, 팔라이스트라에 들어가자는 권유를 받게 된다. 소크라테스는 이내 히포탈레스가 한창 뤼시스라는 아이를 사랑(연애)하고 있고, 자신을 초대하는 것도 '연애 박사'를 자처하는 자신에게서 소년 애인(파이디카)을 대하는 방식을 배우려는 속셈이라는 것을 알아차리게 된다. 결국 그는 그 멋있는 젊은이 뤼시스와 논의를 나누게 해 주겠다는 다짐을 받고 함께 안으로 들어가게 된다.

안으로 들어가기 전에 소크라테스와 히포탈레스가 나누는 대화는 이후 펼쳐지는 대화들에 비해 내용이 비교적 단순하고 분명하다. 목하 진행 중인 히포탈레스의 에로스를 검토하면서 소크라테스는 에로스를 어떻게 행해야 하는지를 배우겠다는 히포탈레스의 기대에 부응하는 논의를 (물론 그가 기대하는 방식과는 다르게) 전개하고 있다. 그의 논의에 의하면, 히포탈레스가 뤼시스에게 쏟아 붓고 있는 온갖 찬사와 노래는 히포탈레스의 성취를 보장하지 못한다. 왜냐하면 그가 행하고 있는 것은 사실상 뤼시스와의 진정한 관계 맺음이 아니라 자기 관심과 필요를 채우는 일에 불과하기 때문이다. 그의 시와 노래들은 아마 그의 강렬한 감정을 쏟아 놓는 데는 성공할지 모른다. 하지만 그보다 훨씬 더 중요한 것은 뤼시스와의 관계를 어떻게 가져갈 것인가 하는 그의 생각 혹은 취지(dianoia)이다. 달리 말하면, 감정이나 정서는 소년 애인 뤼시스의 반응(당시 사람들은 흔히 그것을 '필리아'라고 부른다. 자세한 내용은 본문 뒤에 붙어 있는 주석 18을 참고할 것)을 필요로 하는 원인은 될 수 있을지 모르지만, 뤼시스와의 진정한 관계(그것을 '에로스'라고 부르든, 아니면 '필리아'라고 부르든 간에)를 가능하게 하는 원인은 될 수 없다. 그 진정한 관계는 감정이 아니라 생각 혹은 합리성에 의해 획득될 수 있고 또 설명될 수 있다는 것이 도입부 에로스 논의의 한 함축이라 하겠다.

히포탈레스를 따라 안으로 들어간 소크라테스는 서로 눈치를 살피는 줄다리기 과정을 겪은 후에 결국 뤼시스와 그의 친구 메넥세노스를 마주하게 된다. 두 아이를 상대로 한 대화는 그 둘 사이의 친구 관계(필리아)에 관한 것인데, 이로써 대화편의 주제인 필리아가 앞에서 도입된 에로스와 대비되면서 비로소 논의 선상에 떠오르게 된다. 이 대화를 통해 필리아에서는 동등함(혹은 차이)이 중요한 계기라는 점이 시사되고 있으며, 특히 메넥세노스가 갑자기 자리를 비우게 되면서 논의가 중단되기 전까지의 논점으로 미루어 볼 때, 나이, 가문, 외모, 재산만이 아니라 정의와 지혜의 측면에서 드러난 동등함(혹은 차이) 또한 필리아에서 중요한 관건이라는 점이 암시되어 있다.

정리하자면, 외형상으로는 대화편 전체의 틀이 사랑(연애)하는 자가 소년 애인을 어떻게 다루어야 하는가를 시범 삼아 보여주는 것으로 이루어져 있는데, 마침 그 시범적 논의의 주제가 필리아여서 에로스와 필리아라는 두 주제가 각각 논의의 틀과 내용으로 서로 긴밀하게 연결되는 복잡한 구조를 갖고 있다. 이런 전반적인 구조가 확립되는 도입 부분은 표면적으로는 전반부에

외적인 틀로서 히포탈레스의 일방적인 에로스가 도입되고 후반부에 실제 내용상의 주제로서 두 아이 상호간의 필리아가 도입되어 이 둘이 대비되는 구조로 되어 있지만, 소크라테스의 교육적 필리아가 배면에서 끊임없이 이 둘과 비교, 대조되면서 작용하고 있고, 그것이 결국 본론의 핵심 논의와 연결된다고 말할 수 있다.

2. 필리아와 앎 혹은 유용성의 관계 (예비적 탐구)

이미 말했듯이 본론으로 들어가면서 플라톤은 메넥세노스가 잠시 자리를 뜨게 만든다. 소크라테스가 뤼시스와 둘이서만 대화를 나누게 되는 설정은 본격적인 철학적 논의에 들어가기 전에 언급될 필요가 있는 사항들이 아직 남아 있다는 것을 암시한다. 도입 부분이 외적인 틀로 에로스를 도입한 후에, 앞으로 논의될 내용의 핵심 사례로 동년배 친구간의 필리아를 언급했다면, 여기서는 또 다른 핵심 사례로서 부모 자식 간의 필리아를 언급함으로써 본격적 논의를 위한 내용 차원의 예비적 고찰을 마무리하고 있는 것이다.

이 부분에서 이루어지는 뤼시스와 부모의 관계에 대한 조명은 다소 피상적이었던 앞서의 동년배 관계 논의보다 훨씬 더 내실 있게 이루어지면서 앞으로의 논의 내용 전체에 일정한 방향성을 제공하는 역할을 하고 있다. 소크라테스가 뤼시스에게 일련의 질문들을 던지면서 확인 혹은 합의해 가는 방식의 논의가 진행되는데, 그 골격은 다음과 같다. 부모는 자식을 사랑(친애)한다. 그래서 자식이 행복하기를 바란다. 행복하려면 자기가 하고 싶은 것을 할 수 있는 자유로운 자여야 한다. 그런데 여기서 문제로 대두되는 것은 부모가 뤼시스를 그냥 자기 하고 싶은 대로 하도록 내버려 두는 것이 아니라 여러 가지 일들에 간섭하고 못하게 막는다는 사실이다. 그 이유는 뤼시스가 여러 가지 일들에 대해 아직 제대로 알고 있지 못하기 때문이다. 그러니까 결국 사랑을 받으려면 앎을 가져야 한다.

요컨대 이 논의는 필리아를 수동적인 측면에서 다루면서 필리아가 성립하려면 앎이 필요하다는 점을 부각시키는 전략을 취하고 있다. 사랑받는 자(친구)가 되려면 아는 자 혹은 지혜로운 자여야 한다는 아주 일반적인 사항에 대한 합의를 이끌어 내면서 이후 논의의 기본 바탕이 되는 생각을 표명하고 있는 것이다.

그런데 이 논의가 부모-자식 관계를 넘어 이웃, 국가, 페르시아 왕 등과의 관계로 확대되면서 필리아의 또 다른 중요한 계기가 도입된다는 점이 주목할 만하다. 결국 누구든지 자기 하고 싶은 대로 하려면 해당 사안에 대한 앎을 가져야 하는데, 그런 앎을 가진 자에게 해당 사안의 처리를 맡길 때, 앎은 그것을 가진 자를 유용하게 만든다는 것이다. 그러니까 필리아의 대상이 되려면 앎을 가짐으로써 필리아를 주는 사람에게 유용한 자가 되어야 한다는 것이다. 유용성이라는 계기가 필리아 논의에서 아주 핵심적인 지위를 (충분조건까지는 아니지만 적어도 필요조건으로서의 지위는) 가진다는 점이 여기서도 분명히 확인된다. 나중에 아리스토텔레스가 유용성에 기반한 필리아를 저급한 것으로 다루면서 유용성 계기가 필리아의 본질에 속하지 않는다는 생각이 널리 퍼지게 되지만, 지금 이곳에서는 앎이나 지혜와 긴밀히 연결되면서 나중 논의들에서보다 훨씬 더 중요한 계기로 취급되고 있는 것 같다.

3. 사랑하는 자와 사랑받는 자 (친구의 두 후보)

이런 준비들이 이루어진 후에 본격적인 논의에 들어가게 되는데, 극적으로는 메넥세노스가 제사를 마치고 돌아와 대화 선상에 복귀하는 것과 맞물려 있다. 여기서 플라톤은 당분간 소크라테스와 단독으로 대화를 나누게 될 메넥세노스가 논쟁, 논박에 능하다는 점을 부각시키는 데 상당한 공을 들이고 있다. 아마 플라톤은 그 지점부터 논의가 매우 복잡하고 미묘한, 플라톤 자신의 용어에 따르면 '소피스트적'(sophistikos)인 문제를 다루게 된다는 것을 읽는 이에게 넌지시 알려 주고 싶었던 것인지도 모른다. 아닌 게 아니라 이제 본격적인 논의의 서두에서 두 사람은 (아니, 주로 소크라테스는) '필로스'의 애매성에 연루된 여러 문제들을 적절하게 제기하여 필리아 문제를 차근차근 풀어 가고 있다. 본론으로 완전히 들어가기 전에 허두로 꺼낸 소크라테스의 이야기에서는 언어 차원의 논의를 위한 마지막 준비가 이루어지고 있다. '…를 사랑하는'이라는 뜻을 가진 여러 '필로-'(philo-) 복합어들을 언급함으로써 '필로스'의 또 다른 용법이 제시되고 있는 것이다.

앞으로 전개될 복잡한 논의를 위해 이제까지 준비된 것들을 정리하자면 이렇다. 필로스(친구)가 무엇인가 하는 질문은 우선 '필로스'의 애매성 때문에 어려운 문제인데, 그 말은 일상 언어에서 적어도 세 가지 의미 내지 용법으로 사용된다. 우선 그 말의 가장 일반적인 용법은 상호성을 함축한다. 서로서로 사랑/우정을 주고받는 관계 말이다. 이 용법은 이미 도입 후반부에서 뤼시스-메넥세노스 관계를 그리면서 예비된 바 있다. 그런가 하면 그 다음으로 많이 사용되는 용법은 수동적인 것이다. '소중한', '사랑받는' 등의 의미 말이다. 본론의 예비 논의에서 뤼시스의 부모와 뤼시스의 관계를 다루면서 중요하게 부각된 것이 바로 이런 의미라 할 수 있다. 앞에 나온 두 가지 용법보다 비교적 적게 사용되기는 하지만 '필로스'에 속하는 또 하나의 용법은 능동적인 것이다. '사랑하는', '좋아하는' 등의 의미 말이다. 본론의 본격적 논의가 시작되는 부분에서 소크라테스가 언급하고 있는 '필로-' 복합어에는 이 의미가 꽤 잘 드러나 있다. 외형적 틀을 제공하는 도입부 첫 부분 히포탈레스의 연애 이야기부터 여기까지는 본격적으로 논의하게 될 '필로스'의 일상 언어적 애매성을 보여 줌으로써 뒤따라 나올 논의를 자연스럽게 유도하고 있다.

관계 지시 용어	논의되는 부분	관계의 예(화살표는 행위의 방향)
(0) '에로스'	도입 초반부	히포탈레스 → 뤼시스
(1) '필로스'(상호적)	도입 후반부	뤼시스 ↔ 메넥세노스
(2) '필로스'(수동적)	본론의 예비 논의	뤼시스 ← 뤼시스의 부모
(3) '필로스'(능동적)	본론의 본격 논의 서두	사람 → 여러 대상

이렇듯 여러 장치를 통한 준비 작업을 거쳐, 이를테면 네 꺼풀을 벗겨 내는 심화 과정을 거쳐, 결국 알맹이에 해당하는 본격적인 논의가 212a에서 시작된다. 제기되는 문제는 '필리아란 무엇인가?'가 아니라 '필로스가 무엇인가?'이고, 그 문제가 직접 물어지는 방식도 '어떻게 누군가가 누군가의 친구가 되는가?'라는 보다 구체적인 질문을 통해서이다.

앞으로 시작될 논의를 위해 잠시 언어 차원의 관찰을 덧붙이는 것이 유용할 듯하다. '필로스'의 애매성은 사실 위에서 말한 것보다 훨씬 더 사정이 복잡하다. 이 용어는 위에서 말한 것처럼 능동과 수동(및 상호성)의 용법으로 사용되는 동시에 은근히 실명사와 형용사 사이, 그리고 남성과 중성 사이를 넘나들고 있기 때문이다. 우선 실명사와 형용사 사이의 넘나듦은 고전어의 성격상 자연스러운 것이고 한 단어 형태 안에서 일어나는 일이라

할 수 있다. 예컨대 '필로스'는 문맥에 따라 '친구', '친한 자', '소중한 자'일 수도 있고, 그냥 형용어 '친구인', '친한', '소중한'이라는 뜻일 수도 있다. 반면에 남성에서 중성으로의 전이는 형태상 차이가 비교적 분명하며, 사람 간 관계를 사물로까지 확대하는 역할을 한다. 그러니까 이 말이 중성으로 쓰일 때는 실명사의 경우 '친구인 것', '친한 것', '소중한 것' 등의 의미가 되는 것이다. 위 (3)의 예에서 알 수 있듯이, 이런 전이의 단초는 사실상 '필로스'의 능동적 용법에서 주어진다고 할 수 있다.

이 애매성을 그리스어 용법과 연관하여 정리하면 다음과 같다 (괄호 안의 것은 형용사).

	남성	중성	구문 (x의 형태)
능동	x의 친구, x를 사랑하는 자	x의 친구인 것, x를 사랑하는 것	+2격 실명사
	(x에게 친근한, x를 사랑하는)	(x에게 친근한, x를 사랑하는)	혹은 philo-x로
수동	x에게 친구, x에게 사랑받는 자	x에게 친구인 것, x에게 사랑받는 것	+3격 실명사
	(x에게 소중한, x에게 사랑받는)	(x에게 소중한, x에게 사랑받는)	
상호	x와 친구, x와 친한 자		+상관대명사의 쌍
	(x와 친구인, x와 친한)		혹은 복수로

본격적인 논의로 들어가기 전에 잠시, 아리스토텔레스가 나중에 『니코마코스 윤리학』에서 이런 플라톤의 작업에 대해 어떻게 대응하는지를 짚고 넘어가는 것이 유용할 것 같다. 그는 플라톤이 『뤼시스』에서 맞게 된 어려움의 일단이 개념상의 혼란 내지 애매성에 기인한다고 보고, 그 어려움을 언어적 혹은 개념적 차원에서 해소하려 시도한다. 필리아의 논의를 기본적으로 사람들 간의 상호적인 관계에 국한함으로써 무생물에 대한 필리아 등 비상호성이 포함되어 겪게 될 어려움을 처음부터 제거하고, '필로스'의 수동적 용법도 별도의 단어 '필레토스'(philētos) 혹은 '필레톤'(phlilēton)에 할당함으로써 능동/수동의 애매성에서 나올 수 있는 혼란의 여지를 근원적으로 차단한다. 애초부터 혼란의 여지를 제거했기에 그의 필리아 정의는 명료하다. 서로 호의를 가지고 있고, 상대방이 잘 되기를 혹은 훌륭하기를 바라며, 또 그런 호의나 바람이 서로에게 알려져 있는, 그런 사람들 간의 관계가 필리아라는 것이다. 이런 개념적 정초 작업을 토대로 그는 세 종류의 필리아를 나눈다. 유용성에 기반한 필리아, 즐거움에 기반한 필리아, 훌륭함에 기반한 필리아로 말이다. 처음 둘은 사랑(친애)받는 자 자신이 어떤 자인가보다는 그가 제공할 수 있는 이득이나 즐거움 때문에 이루어지는 필리아이기에 '부수적'이고 쉽게 갈라질 수도 있는 것인 반면, 마지막 것은 훌륭한 자들이 서로의 훌륭함 때문에 갖는 필리아이기 때문에 '본질적'이요 지속적인, 완벽한 필리아이며, 부수적으로 앞의 둘의 장점인 이득이나 즐거움도 함께 가져다준다.

이제 본격적인 논의를 들여다보기 위한 언어적 내지 개념적 도구는 어느 정도 마련된 셈이다. 이미 말했듯이 논의를 정리하고 문제를 끄집어내는 일은 읽는 이 스스로의 몫이다. 여기서는 논변들이 어떤 식으로 개진되고 발전되는지 그 추이를 따라가며 안내하기로 한다.

어떤 사람이 누군가를 사랑할 때 누가(무엇이) 누구의(무엇의) 친구인가? 이 질문에 대한 가능한 선택지로 셋이 제시된다.

① 사랑하는 자가 사랑받는 자의 친구이다.
② 사랑받는 자가 사랑하는 자의 친구이다.
③ 별 차이 없다.

이 가운데 ③이 선택된다. 이 선택지는 사실상 상호적이지 않은 경우도 상관없다는 것을 함축한다. 그 함축을 분명히 하기 위해 비상호적인 경우를 상정한 질문이 제기된다. 그러니까 사랑하는 자가 사랑받는 자에 의해 사랑받지 못하는 경우에 위 질문이 어떻게 대답될 수 있는가 하고 말이다. 이 경우에 가능한 선택지로 다시 셋이 제시되는데, ①, ②는 같고, 셋째 선택지는 다음과 같이 바뀐다.

④ 둘 중 어느 쪽도 다른 쪽의 친구가 아니다.

다시 ④가 선택되는데, 사랑받는 것이 사랑을 되주어야만 친구라는 것, 그러니까 사실상 상호적일 때 친구 관계가 성립된다는 것이다. 이를테면 나는 냉면을 사랑하는데 냉면은 나를 사랑해 주지 않으니까 냉면은 나의 친구가 (즉 나에게 소중한 것 혹은 내게서 사랑받는 것) 아니게 된다. 이런 엉뚱한 결론을 귀결하는 이 입장은 "소중한 것들을 (친구로) 가진 자가 행복한 자"라는 솔론의 시구 인용을 통해 기각된다.

이제 상호성이 기각되고 수동적인 용법을 기반으로 하는 ②의 가능성이 타진된다. 사랑받는 것이 사랑하는 것에게 친구일 가능성 말이다. 이 가능성에 대한 기각은 다음과 같이 이루어진다 (이제부터는 원문이 남성과 중성 사이를 왔다 갔다 하는데, 편의상 중성에 맞추어 정리하기로 한다). 사랑받는 것이 (사랑하는 자에게) 소중한 것(즉 친구)이고, 미움받는 것이 (미워하는 자에게) 미운 것(즉 적)이다. 적당히 바꿀 것을 바꾸면, 친구(사랑받는 것)가 적(사랑하지만 미움받는 것)에게 친구(사랑받는 것)이고, 적(미움받는 것)이 친구(사랑받지만 미워하는 것)에게 적(미움받는 것)이다. 결국 적에게 친구이고, 친구에게 적인 경우가 있다는 것인데, 이는 불합리하다.

수동적인 경우까지 기각되고 남은 것은 능동적 용법에 기대고 있는 ①이다. 이 선택지 역시 유사한 단계를 거치면서 기각된다. 사랑하는 것이 사랑받는 것의 친구(사랑하는 것)이고, 미워하는 것이 미움받는 것의 적(미워하는 것)이다. 적절히 치환하면, 친구가 적(사랑받지만 미워하는 것)의 친구이고, 적이 친구(미움받지만 사랑하는 것)의 적이다. 여기서도 결국 앞서의 경우와 똑같은 불합리성이 귀결된다.

이제 친구 관계가 성립할 수 있는 세 경우 모두, 어떻게 친구가 되느냐에 대한 만족할 만한 설명이 제시될 수 없는 경우로 기각되었다. 일찌감치부터 상호성이 기각된 것은 친구 관계의 원인을 분명히 밝히려는 기획 의도를 모호하게 만드는 선택지이기 때문일 것이다. 상호적이지 않은 관계에서도 '필로스'라고 부르는 일이 가능하기에 이런 상황에 이른 것이다.

4. 비슷한 것이 비슷한 것에게 친구 (셋째 후보)

이제 소크라테스는 대화 상대를 다시 뤼시스로 바꾸고, 호메로스 시구를 인용하면서 교착 상태에서 빠져나오려 시도하게 된다. 『오뒤세이아(Odysseia)』에 나오는 "신은 비슷한 자를 비슷한 자에게 이끈다"라는 내용의 시구이다. 친구가 무엇인가에 대한 대답이 될 만한 후보로 앞서 다루어진 것이 사랑하는 자, 사랑받는 자라고 요약할 수 있다면, 이제 호메로스를 통해 제시되는 친구의 셋째 후보는 비슷한 것이 비슷한 것에게 친구라는 것이다.

그리고 이런 생각은 호메로스만이 아니라 우주에 관해 논의하는 자연철학자들의 저술에서도 발견된다는 점이 대화자 사이에서 확인되고 있다. 우리도 남아 있는 엠페도클레스나 데모크리토스 등의 저술 단편에서 쉽게 확인할 수 있다.

이 후보의 검토는 비슷한 자의 쌍 둘, 즉 훌륭한 자의 쌍과 나쁜 자의 쌍에 대해 이루어진다. 우선 비슷한 자의 쌍 가운데 나쁜 자의 쌍은 친구가 될 수 없다. 나쁜 자는 자기가 사귀는 자에게 해를 끼치는데, 해를 끼치는 자와 입는 자는 친구가 될 수 없기 때문이다. 또한, 나쁜 자는 불안정하여 자기와 비슷할 수조차 없는데, 하물며 그런 자가 다른 나쁜 자와 비슷하거나 친구일 가능성은 생각하기 어렵다. 이제 이 셋째 후보에서 남는 것은 훌륭한 자의 쌍, 즉 훌륭한 자가 훌륭한 자에게 친구일 가능성이다. 이 유력한 후보를 남겨 놓고 두 사람은 꽤 흡족해 한다.

5. 훌륭한 자의 자족성 (셋째 후보 논의의 심화와 비판)

그러나 이내 소크라테스는 미심쩍은 점을 발견하게 되고 이는 다음과 같은 기각 논변으로 이어진다. 훌륭한 자끼리는 그들이 '비슷한 한에서는' 서로에게 아무런 도움이나 해를 줄 수 없고 따라서 서로를 존중할 수 없다. 또 그들이 '훌륭한 한에서는' 자족적이며, 따라서 서로를 전혀 필요로 하지 않으며, 따라서 서로를 존중할 수 없다. 그들이 공유하는 비슷함과 훌륭함 둘 중 어느 측면에서도 훌륭한 자끼리는 서로를 존중하지 않을 것이고, 따라서 서로를 사랑하는 것이 못 되며, 따라서 친구도 될 수 없다.

비슷한 자끼리 친구일 가능성에 대한 기각은 사실상 비슷한 것을 강하게 이해하여, 유사한 것이 아니라 똑같은 것으로 간주하는 데 기인하는 듯하다. 개념을 좀 더 느슨하게 적용하여 비슷한 것을 유사한 것으로 이해한다면, 다른 가능성이 열리지 않겠는가? 두 사람이 유사하다면, 즉 어떤 측면에서만 같다면, 서로 같지 않은 측면들에서 두 사람은 서로에게 얼마든지 유용할 수 있지 않은가? 이 점의 연장선상에서 훌륭한 자도 상당히 강한 의미로 이해되고 있는 것으로 보인다. 아무것도 필요로 하지 않는 완벽한 자라는 의미로 말이다. 이것도 좀 느슨하게 이해할 수 있다면, 즉 훌륭한 자가 인간적인 좋음의 일정한 기준을 충족시키는 자라고 한다면, 그가 다른 훌륭한 자에 의해 보완될 필요를 얼마든지 가질 수도 있지 않을까? 어쩌면 이후 아리스토텔레스의 필리아 논의가 바로 그런 인간적인 훌륭함에 충실한 방향으로 이 대화편 논의를 발전시킨 사례라 할 수 있겠다. 하지만 실제 소크라테스의 논의는 훌륭함의 강한 의미에 기대는 방식으로 전개되고 있다.

6. 비슷하지 않은 것이 비슷하지 않은 것에게 친구 (넷째 후보)

이제 비교적 강력해 보였던 후보의 낙마를 목도한 두 사람은 돌파구 마련을 위해 또 다른 시인 헤시오도스를 끌어들이게 된다. "비슷한 것끼리 서로 적대적"이라는 취지의 『일과 날(Erga kai Hēmerai)』 시구를 인용하고 있다. 이렇게 해서 셋째 후보와 반대되는 것이 바로 넷째 후보로 제시된다. 비슷하지 않은 것이 비슷하지 않은 것에게 (혹은 반대되는 것이 반대되는 것에게) 친구일 가능성 말이다. 비슷한 것끼리는 서로 시기하고 다투고 적대하지만, 비슷하지 않은 것(혹은 반대되는 것)들은 서로에게 유익을 주기에 서로를 존중하고 사랑하는 것, 즉 친구가 아니냐는 말이다. 이 후보도 곧바로 기각 절차를 밟게 되는데, 여기서부터는 다시 메넥세노스가 대화 상대가 되어 당분간 논의를 진행하게 된다.

기각 논변은 다음과 같다. 적대는 필리아와 반대되는 것이다. 따라서 반대되는 것이 반대되는 것에게 친구라는 입장을 취하면, 적대적인 것이 친구인(우호적인) 것에게 친구이거나 아니면 친구인(우호적인) 것이 적대적인 것에게 친구라는 불합리한 귀결을 받아들일 수밖에 없다. 여기서도 소크라테스는 비슷하지 않은 것을 결국 반대되는 것으로 끌고 가서 논의를 전개하고 있다는 점이 특기할 만하다.

어떤 관점에서 보면, 여기 논의는 비슷한 것끼리라는 후보를 이야기한 끝자락에 그것과 짝을 이루는 정반대 극단(polar opposite)을 그저 언급만 하고 지나가는, 흔히 '양극의 표현'

(polar expression)이라고 부르는, 관용적 방식으로 보일 수도 있다. 반대되는 것(혹은 비슷하지 않은 것)은 궁극적으로 소크라테스가 힘주어 강조하는 필리아 모델의 주요 구성 요소가 아닌 것으로 보이기 때문에 그렇다. 그러나 이 논의는 필리아(혹은 에로스)가 결국 자기가 결여하고 있는 것에 대한 욕구라는 나중의 논의를 예비하는 역할을 충실히 하고 있다고 이해할 수 있다. 자기와 반대되는 것이 어떻게 보면 자기가 결여하고 있는 것의 핵심적인 구성 부분일 수도 있을 테니까 말이다. 그리고 이 논의가 이제까지와는 다르게 필리아를 우주적 차원의 것으로 확대하고 있다는 점도 주목할 만하다. 온, 냉, 건, 습 등 자연 철학의 대립자들이 필리아를 보여 주는 사례로 언급되고 있는 것은, '에로스'로 표현되기도 하고 '필로테스'(philotēs)로 표현되기도 하는, 엠페도클레스의 '사랑'을 떠올리게 한다. 이런 우주적 차원의 사랑은 『향연』의 에뤽시마코스 연설에도 잘 드러나 있다.

7. 훌륭하지도 나쁘지도 않은 것이 훌륭한 것의 친구 (다섯째 후보)

이제 또 다른 아포리아에 직면한 상황에서 소크라테스는 사물들이 사실은 가치 차원에서 세 부류로 나뉜다는 점에 착안하여 아직 검토하지 않은 조합을 상정하여 활로를 모색하게 된다. 훌륭한 것, 나쁜 것, 훌륭하지도 나쁘지도 않은 것, 이 세 부류 가운데 훌륭하지도 나쁘지도 않은 것은 앞에서 거론되지 않았다.

앞에서 기각된 것을 모아 보면, 훌륭한 것끼리, 나쁜 것끼리는 비슷한 것의 쌍이므로 후보가 될 수 없고, 나쁜 것은 친구일 수 없기에 훌륭한 것과 나쁜 것의 조합도 불가능하다. 이제 남은 것은 훌륭하지도 나쁘지도 않은 것과 훌륭한 것이 친구이거나 훌륭하지도 나쁘지도 않은 것이 서로 친구이거나 할 가능성인데, 후자는 비슷한 것의 쌍이므로 후보가 될 수 없다. 결국 남게 되는 것은 훌륭하지도 나쁘지도 않은 것과 훌륭한 것의 조합뿐이다. 이 조합 가운데서도 엄밀하게는 훌륭하지도 나쁘지도 않은 것이 훌륭한 것의 (능동적 의미로) 친구일 가능성만 남는다. 훌륭한 것이 능동적 의미의 친구일 가능성은 셋째 후보를 기각하면서 자족성 논의를 통해 배제되었기 때문이다.

앞에서 셋째 후보와 넷째 후보를 검토할 때 친구가 자주 능동적 의미로 언급되기는 했지만 기본적으로 상호적 성격이 배제되지 않은 채로 논의가 이루어져 왔는데, 이제 다섯째 후보에 와서는 상호성이 급격히 퇴조하고 능동적 의미가 전면에 부각되는 형국이 된다. 또 하나 특기할 만한 것은 셋째 후보의 둘째 부분 (즉 훌륭한 자끼리)이 그랬던 것처럼 이 다섯째 후보도 여타 후보들과 달리 곧바로 기각되지 않고 일단은 만족스런 후보로 받아들여진다는 점이다. 게다가 그 만족의 강도와 지속 시간이 훌륭한 자의 쌍의 경우보다 훨씬 크고 길다. 미심쩍음이 곧바로 표명되지 않고 일단 이 후보에 대한 세밀한 천착이 진행되는데, 플라톤이 (혹은 플라톤의 소크라테스가) 애용하는 의술 비유가 동원되고 있다. 그 비유를 통해 나쁜 것이 곁에 있다는 것, 즉 나쁜 것의 와 있음(parousia)이 필리아의 원인이라는 점이 드러난다. 이제 필리아는 더 이상 두 관계항 사이에 성립하는 것으로 고찰되는 것이 아니라 삼각관계로 조명된다. 예컨대 몸은 병(이 와 있기) 때문에(dia) 의술/의사의 친구이다. 여기서 몸은 훌륭하지도 나쁘지도 않은 것이고, 병은 나쁜 것이며, 의술/의사는 좋은 것이다.

사실 나쁜 것의 와 있음에는 두 가지가 있을 수 있는데, 하나는 와 있으면서도 아직 그것을 완전히 나쁘게 만들지는 않은 상태이고, 다른 하나는 와 있으면서 훌륭하지도 나쁘지도 않은 것을 완전히 나쁘게 만들어 버린 상태이다. 지금 고려되는 나쁜 것의 와 있음은 전자인데, 이는 머리가 희어지는 사례에 의해 구체적으로 설명되고 있다. 뤼시스의 금발머리에 흰색을 칠하면, 흼이 와 있는데도 머리는 아직 희지 않지만, 그가 노인이 되면 흼이 와 있으면서 머리도 그것과 똑같이 희게 된다는 것이다. 와 있음을 후자로 이해할 수 없는 까닭은, 그렇게 보면 훌륭하지도 나쁘지도 않은 것이 더 이상 남아 있지 않고 나쁜 것이 된다는 것인데, 그렇게 되면 (앞에서 논의한 대로) 나쁜 것은 어떤 것의 친구도 될 수 없기에 훌륭한 것의 친구 역시 될 수 없어서 문제이기 때문이다. 이어 비슷한 논점이 지혜에 대한 사랑(철학)에 대해서도 개진된다. 이미 지혜로운(즉 훌륭한) 자나 완전히 무지한(즉 나쁜) 자는 지혜를 사랑할 수 없다. 무지(즉 나쁜 것)를 갖고 있지만 그것에 의해 완전히 무지하게(즉 나쁘게) 되지는 않은 (즉 무지를 앎으로 착각하는 정도까지는 아닌) 자만이 지혜를 사랑할 수 있다.

8. 첫째 친구 (다섯째 후보 논의의 심화와 비판)

이런 다소 장황한 보완 설명을 거치면서 다섯째 후보에 대한 두 사람의 만족감이 극에 달하게 되지만, 다시 소크라테스의 미심쩍음이 발동하면서 논의가 새로운 국면을 맞게 된다(계속해서 소크라테스는 두 사람 모두와 논의를 하려는 제스처를 보이고 있고 실제로 두 사람 모두와 대화하는 장면도 이후로 간간이 있지만, 본론의 거의 끝부분까지, 정확히 말해 221e까지 줄곧 대화 상대는 메넥세노스이다). 앞에서 주목된 '…때문에'(dia)라는 계기 외에 '…을 위해서'(heneka)라는 계기가 새로 조명을 받는다. 앞 논의에서 이야기된 것은 훌륭하지도 나쁘지도 않은 것인 몸이 나쁜 것인 병(의 와 있음) 때문에 훌륭한 것인 의술/의사의 친구(능동적 의미)라는 것이다. 그런데 의술이 몸에게 친구(수동적 의미)인 것은 또 다른 훌륭한 것인 건강을 위해서이다. 이 건강도 친구인 반면, 병은 적이다. 이 계기들을 정리하면, 훌륭하지도 나쁘지도 않은 것(몸)이 나쁜 것이자 적인 것(병) 때문에 훌륭한 것이자 친구인 것(건강)을 위해서 훌륭한 것 (의술/의사)의 친구이다. 각각을 모두 친구와 적으로 적절히 치환하여 정리하면, 친구와 적이라는 계기만 남기면, 친구가 적 때문에 친구를 위해서 친구의 친구이다.

여기서 친구가 친구의 친구라는 것은 결국 앞에서 기각했던 비슷한 것이 비슷한 것의 친구라는 후보와 같아지는 것 아닌가 하는 반론은 언급만 한 채 제쳐 두고, 소크라테스는 더 중요한 사항에 논의를 집중시킨다. 방금 전 논의에서 줄곧 '소중한 것'이라는 친구의 수동적 의미가 상당히 부각되고 있었고, 특히 중성으로 확대되어 다루어지고 있었는데, 바로 지금의 논의를 위해 필수적인 준비 과정이라 할 수 있다. 의술이 친구(즉 소중한 것)인 것은 건강을 위해서이다. 그 건강도 친구(즉 소중한 것)이기에 건강 역시 다른 어떤 것을 위해서 친구이다. 그 다른 어떤 것도 친구이기에 그것 역시 또 다른 어떤 친구를 위해서 친구이다. 이런 과정은 무한히 계속되거나 아니면 더 이상의 소급을 불필요하게 만드는 시작점, 즉 첫째 친구에 도달하거나 할 것이다. 이 탐구의 목적에 비추어 볼 때 무한 소급을 피할 수 있는 후자가 선호된다. 이제 '정말로 친구인 것'은 그런 '…을 위해서'라는 목적 계열의 시작점에 놓여 있는, 그러니까 다른 모든 것들이 바로 그것을 위해 친구가 되는, 첫째 친구임이 분명해졌다. 그 첫째 친구(다른 말로 하면 사랑받는 첫째 것)는 다른 소위 친구들과는 다른 방식 내지 의미로 친구이다. 다른 것들은 또 다른 친구를 위해 친구(사랑받는 것)이지만, 그 첫째 친구만은 다른 친구를 위해 친구(사랑받는 것)인 게 아니기 때문이다.

이 지점에서 이제까지 논의를 끌고 온 중요한 한 제안이 문젯거리로 대두된다. 친구는 어떤 것을 위해서 친구라는 제안 말이다. 그 어떤 것도 사실 친구(즉 소중한 것 내지 사랑받는 것)였기에 사실상 그 제안은 친구가 친구인 어떤 것을 위해서 친구라는 것이다. 그런데 이제 정말로 친구인 것이라 할 수 있는 첫째 친구는 더 이상 어떤 다른 친구를 위해서 친구가 아니므로, 친구는 어떤 친구를 위해서 친구라는 앞서의 제안은 더 이상 유지될 수 없게 되었고, 따라서 '…을 위해서'라는 계기는 친구가 친구인 이유를 제시하는 데 더 이상 설명력을 갖지 못하게 되었다.

이제 검토의 칼날은 남은 또 하나의 계기인 '…때문에'를 향하게 된다. '…을 위해서'의 빈자리에 들어가는 것들은 친구요 훌륭한 것이었지만, '…때문에'의 빈자리에는 나쁜 것이요 적이 들어간다. 나쁜 것 때문에 친구가 친구가 된다는 제안이 유지될 수 있으려면, 우리는 훌륭한 것이 그 자체로 존중되고 사랑받는 것이 아니라 나쁜 것이 있기 때문에 사랑받는 것이라는 생각도 함께 받아들여야 한다. 병이 없으면 약도 의사도 필요 없지 않은가? 이 지점에서 우리는 계속 이야기되어 온 소위 친구들과 첫째 친구 간의 차이가 극명하게 부각되고 있다는 것에 주목할 필요가 있다.

소위 친구들과 달리 진짜 친구인 첫째 친구는 어떤 다른 '친구를 위해서' 친구라고 할 수 없다. 그러니까 목적 계열에서 그것보다 상위의 것을 가지지 않는다. 그러나 방금 전 논의에 따라 친구 혹은 훌륭한 것이 성립하려면 반드시 나쁜 것이 있어야만 한다는 점을 고려해 보자. 이 점은 첫째 친구나 소위 친구들이나 공유하는 점이다. 그런데 첫째 친구에게는 '…을 위해서'의 빈자리에 친구가 들어갈 수 없다는 점을 생각해 보자. 이 점은 소위 친구들과 구별되는 점이다. 이런 점들을 고려할 때, 소위 친구는 훌륭한 것(즉 친구)을 위해서 친구이지만, 첫째 친구는, 말하자면, '나쁜 것을 위해서' 친구라고까지 말할 수 있다.

소위 친구들에게는 그것들이 친구인 원인(아이티아)이 둘이었다. 하나는 나쁜 것 때문이다. 나쁜 것이 곁에 있기 '때문에' 그것을 없앨 필요가 훌륭하지도 나쁘지도 않은 것에게 생긴다. 그러니까 이 나쁜 것은 일종의 직접적 작용인이라 할 수 있겠다. 나쁜 것을 없앨 필요는 훌륭한 것에 대한 지향을 함축한다. 이때 지향 대상인 훌륭한 것은 친구 관계를 맺는 대상인 훌륭한 것과는 독립적인 것이다. 편의상 뒤의 것을 훌륭한 것①, 앞의 것을 훌륭한 것②라고 하자. 그러니까 둘째 아이티아는 훌륭한 것①을 친구이게 만드는, 그러면서 훌륭한 것①을 훌륭한 것이게 해주는, 훌륭한 것①의 지향 대상인 상위의 원인, 즉 일종의 목적인이라 할 수 있겠다. 요컨대 소위 친구들은 나쁜 것을 작용인으로, 훌륭한 것②를 목적인으로 삼는 훌륭한 것①에 해당한다. 반면에 첫째 친구에게는 그것의 목적인인 훌륭한 것이 없고, 작용인인 나쁜 것만 있다. 그러니까 그것이 친구(혹은 훌륭한 것)가 되는 유일한 아이티아가 나쁜 것이다. 이를 달리 표현하면 첫째 친구가 친구가 되는 데 유일하게 작용하는 원인인 나쁜 것은 그것을 작동시키는 직접적 원인이면서 동시에 그것의 정체성을 확립시키는 목적인 노릇을 하는 것이기도 하다.

나쁜 것을 목적인으로 해석할 수 있는가 하는 문제가 사실은 논란거리가 될 수 있지만, 아무튼 그 문제를 접어놓고 생각해도 지금 논의는 아포리아를 향해 갈 수밖에 없다. 소위 친구들도 나쁜 것의 작용이 없으면 친구가 될 수 없지만, 정말로 친구라 할 수 있는 첫째 친구 역시 나쁜 것이 곁에 없는 한, 그것이 친구이게 되는 유일한 원인을 상실한 것이기 때문에 친구가 될 수 없다. 결국 나쁜 것이 제거되면, 친구도 사라지게 된다.

9. 욕구가 필리아의 원인 (여섯째 후보로의 이행)

이제 논의는 나쁜 것이 제거되는 상황에 초점을 맞추어 진행된다. 과연 나쁜 것이 제거되면 친구도 없게 되는 것인가? 이 물음을 염두에 두면서 논의는 앞에서는 변죽만 울리던 욕구라는 계기를 본격적으로 다루게 된다. 나쁜 것이 없어지면 욕구도 없어지는가? 가능한 선택지는 i)욕구도 아예 없어지거나 아니면

ii)욕구가 있기는 한데 해롭지(즉 나쁘지) 않은 것으로 있거나 둘 중 하나이다. i)이라면 친구가 있게 될 여지도 없지만, ii)라면 가능성이 남아 있는 것이다. ii)를 옹호하는 논변은 다음과 같이 진행된다. 욕구는 해로운(즉 나쁜) 것일 수도 있고, 유익한(즉 훌륭한) 것일 수도 있고 아니면 이도 저도 아닌(즉 훌륭하지도 나쁘지도 않은) 것일 수도 있다. 나쁜 것이 없어진다고 해서 반드시 나쁘지 않은 것이 함께 없어진다고 볼 이유는 없다. 따라서 나쁜 것이 제거된 후에도 (나쁜 욕구는 물론 없어지겠지만) 훌륭하지도 나쁘지도 않은 욕구까지 사라진다고 볼 이유는 없다.

이렇게 나쁜 것을 제거한 후에도 욕구가 존재할 가능성을 확보한 후 논의는 다음과 같이 진행된다. 욕구〔혹은 사랑(연애)〕하는 자는 그 대상을 사랑(친애)한다. 그러니까 나쁜 것이 제거되더라도 사랑받는 것으로서의 친구는 여전히 있을 수 있다. 그런데 나쁜 것이 제거된 후이므로, 그 필리아(즉 친구임)의 원인이 나쁜 것 때문일 수는 없다. 따라서 필리아의 원인은 다름 아닌 욕구이며, 욕구하는 것이 (욕구하는 바로 그때) 욕구 대상에게 친구라 해야 할 것이다. 이 논변에서 욕구가 필리아를 함축한다(그리고 아마 필리아도 욕구를 함축한다)는 점은 비교적 분명해 보이지만, 그것이 욕구가 필리아의 원인이라는 귀결과 어떻게 연결되는지는 선명히 드러나 있지 않다. 그렇기에 나쁜 것이 필리아의 원인이 아니라는 것에서 욕구가 원인이라는 것이 어떻게 따라 나오는지도 분명치 않다.

10. 가까운 것이 가까운 것에게 친구 (여섯째 후보)

이제 필리아의 원인으로 판명된 욕구에 대한 고찰은 친구의 여섯째이자 마지막 후보를 내세우는 논의로 귀착하게 된다. 욕구하는 자는 자기가 필요로 하는 것을 욕구한다(혹은 그것의 친구이다). 그가 필요로 하는 것은 자기가 빼앗긴 어떤 것이다. 자기에게 있었는데 빼앗기게 된 것은 자기에게 가까운 것 혹은 자기에게 속한 것(oikeion)이다. 이 대목은 나중에 플라톤이 쓰게 되는 『향연』의 아리스토파네스 연설을 자연스레 떠올리게 한다. 빼앗긴 원래의 자기를 되찾고자 혹은 자기의 반쪽과 결합하고자 애쓰는 것이 에로스의 본성이라는 이야기 말이다. 이렇게 해서 욕구의 고찰은 결국 우리 필리아의 대상은 우리에게 본성상 가까운 것이라는 이야기로 귀결된다.

가까운 것 혹은 자기에게 속한 것이 서로 친구라는 이 생각은 한동안 논의의 배면으로 잠복했던 상호성과 인간 사이의 필리아를 표면에 부각시킨다. 에로스도 필리아도 다 가까운 자 사이에 성립할 수밖에 없는 것 아니냐는 소크라테스의 말에 뤼시스는 마땅찮은 기색이었을 것이 분명한데(텍스트에는 그냥 잠자코 있었다고만 되어 있다), 이제까지 뤼시스의 눈치를 보며 안절부절못하던 히포탈레스는 희색이 만면하다. 부탁도 안 했는데 소크라테스가 알아서, 진짜로 사랑(연애)하는 자는 그 상대가 본성상 가까운 자이므로 사랑(친애)을 받을 수밖에 없다는 말까지 덧붙여 주었으니, 초청한 보람이 있다고 생각했을 법하다. 하지만 우리는 여기서 다음과 같은 점을 놓치지 말아야 한다. 욕구가 지향하는 바가 자기에게 가까운 것이라는 생각이 확보되었다고 해서 누군가가 욕구하는 어떤 것이 곧 참으로 자기에게 가까운 것이라는 생각이 바로 따라 나오는 것은 아니다. 자기에게 가깝다고 여기고 추구하는 대상과 참으로 자기에게 가까운 것이 구별될 수 있기 때문이다. 8장의 첫째 친구 논의에서도 이미 비슷한 구별이 암시된 바 있다. 좋다고 여기고 지향하는 대상(즉 소위 친구들)과 참으로 좋은 것(즉 진짜 친구)의 구별 말이다.

아무튼 마지막으로 제시된 가까운 것이라는 후보가 논의 밖에서는 에로스에 연루된 두 당사자의 희비가 엇갈리면서 다소 파장을 불러일으키지만, 논의 내에서는 후보로 나서자마자 가볍게 논박된다. 일단 셋째 후보와의 차별성이 문제이다. 가까운 것이 비슷한 것과 같다면, 비슷한 것에게 가해졌던 '쓸모없다'는 비판에 직면하게 된다. 여기서도 유용성이 필리아에서 중요한 계기라는 점이 다시 한번 강조되고 있다. 결국 셋째 후보와 다른 것이라고 할 수밖에 없는데, 그 경우 가능한 선택지는 둘이다. i)훌륭한 것은 모든 것에게 가까운 것이지만 나쁜 것은 모든 것에게 이질적인 것(남의 것)이라고 하든가, 아니면 ii)셋 각각(그러니까 훌륭한 것, 나쁜 것, 이도 저도 아닌 것)이 자신과 같은 짝 각각에게 가까운 것이라고 하든가 둘 중 하나이다. 두 소년은 ii)를 선택하지만, 이것은 앞에서 비슷한 것끼리 친구일 수 있느냐를 논의하면서 이미 기각된 선택지라는 점이 이내 확인된다.

11. 아포리아 (파장(罷場))

이런 확인 후에 소크라테스는 i)의 검토는 생략한 채 앞에서 기각된 후보들을 하나하나 열거하면서 논의가 아포리아에 빠졌음을 선언한다. 그러면서 두 소년보다 나이가 든 사람들을 논의에 끌어들일 작정이었는데, 마침 두 소년의 보호자(파이다고고스)들이 술 취한 채 나타나 귀가를 종용하는 바람에 어수선한 상태에서 논의가 종결된다. 친구가 무엇인지도 모르면서 스스로 친구라고 생각하고 있다는 고백과 함께, 그리고 i)을 검토해 보았다면 논의가 어떻게 진행되었을까 하는 자연스런 의문을 우리에게 남긴 채 막을 내린다(이 의문을 비롯하여 남겨진 몇몇 문제들에 대한 상세한 논의는 강철웅(2007)을 참고할 것).

이 대화편은 어렵다. 그저 어려울 뿐만 아니라 이 대화편이 제시하는 필리아 개념이 우리를 아주 혼란스럽게 만든다. 아스트(Ast), 조허(Socher) 등을 비롯하여 19세기 연구자들 중에는 아예 플라톤의 작품이 아니라고 생각하는 사람들도 적지 않았다. 짐작건대 그런 생각을 하게 만든 중요한 요인 가운데 하나는 아마도 이 작품이 유용성과 욕구를 필리아의 핵심 요소로 계속 붙잡고 있기 때문이 아닐까 한다. 유용성과 욕구 계기가 함축하는 자기 본위적인 이기주의가 아리스토텔레스 이래 내내 강조되어 온 완벽한 필리아(즉 유용성에 기반한 것이 아니라 서로의 훌륭함에 바탕을 둔 상호적 관계)의 관념과 배치되기 때문이 아니냐는 것이다. 19세기는 전해지는 텍스트에 대한 광범위한 의심이라는 시대정신이 강하게 위세를 떨친 시기라는 점을 감안해 준다고 쳐도, 그런 시대정신에 저항감을 갖는 사람이 많았던 20세기에조차도 이 작품에 대한 의혹의 눈초리는 수그러들지 않았다. 물론 20세기 연구자들 가운데 이 작품을 위작이라고까지 말하는 사람은 거의 없었지만, 여전히 부정적인 평가가 적지 않았다. 빌라모비츠(U. von Wilamowitz)나 콘포드(F. M. Cornford)처럼 불명료하고 난해하다고 불평하거나, 거드리(1975)처럼 논구의 방식과 표현에 있어 실패작이라고 평가하거나, 블라스토스(G. Vlastos, 1981)처럼 소크라테스가 염두에 두는 친구는 타인들을 그들 자신을 위해 사랑할 능력이 없는, 사랑의 실패자라고 깎아 내리는 등 대표적 연구자들 상당수가 이 작품을 곱지 않은 시선으로 바라보았다.

물론 이 작품에 대한 그런 부정적 논의들이 펼쳐지기 전에 그것들보다 비교적 균형감이 있어 보이는 설전이 이미 지난 세기

초에 벌어진 바 있다. 1913년에서 1921년까지 비교적 길게 진행된 폴렌츠(M. Pohlenz)-폰 아르님(H. von Arnim) 논쟁이 바로 그것이다. 이들의 논란거리 역시 욕구 계기였는데, 발전론자였던 폴렌츠는 필리아가 에로스와 동종적(同種的)이며, 욕구라는 계기가 핵심적으로 포함된다는 입장인 데 반해, 단일론자(unitarian)였던 폰 아르님은 필리아는 에로스와 근본적으로 상이한 것이며, 플라톤은 이미 욕구로부터 자유로운 완벽한 필리아를 상정하고 있었다는 입장을 취했다. 이들의 논의는 이후 논의에 여러 생산적인 효과를 제공했음에도 불구하고, 문제의 틀이 텍스트 간 관계, 즉『뤼시스』와『향연』및『파이드로스』의 관계에 한정되어 있다는 데 근본적인 한계가 있었던 것으로 보인다. 그런 문제 틀 아래에서 두 진영은 모두 뒤의 두 저작을『뤼시스』읽기에 이용하려는 경향을 보였다. 그런 목적의식 때문에 요즘 시각에서는 선뜻 동의하기 어려운 결론을 끌어내기도 했다. 예컨대 폴렌츠(1913)는『파이드로스』를『뤼시스』보다 앞선 작품으로 보았고, 폰 아르님(1914)은『향연』의 논의를 끌어와서『뤼시스』의 욕구 논의가 플라톤의 것이 아니라고 주장했다. 이 논쟁에서 우리가 얻을 수 있는 교훈은 작품 간 관계라는 논의 틀이 가진 한계에서 벗어나야 한다는 것, 그래서 이 작품 자체가 갖는 고유한 메시지를 이 작품 내에서 우선 읽어 내려는 노력이 무엇보다도 선행되어야 한다는 것이 아닐까 싶다.

하지만 그런 한계에도 불구하고 텍스트 간 관계 혹은 비교라는 논의 틀은, 앞에 언급한 부정적인 논의(즉 자기 나름의 일정한 잣대를 가지고 이 대화편을 읽는 평가적인 접근)가 지닌 자의성을 넘어설 가능성을 갖고 있다는 점이 매력적이었던 것 같고, 그래서인지 이후 상당 기간 동안 연구자들의 상상력을 지배해 왔다. 20세기 『뤼시스』 연구는 대체로 그런 논의 틀에 따라 『향연』이나 『파이드로스』를 논의의 중심에 놓고 『뤼시스』에 대해서는 부차적으로만 (그러니까 그런 '핵심' 대화편 논의에 필요한 만큼만) 관심을 가졌던 것으로 보이며, 더욱이 대중들에게는 다가서기 어려운 대화편, 아니 아예 잊혀진 대화편이었다고 해도 과언이 아니다. 물론 20세기 말에 와서 기존의 부정적 혹은 비판적 경향을 일신하면서 보다 긍정적으로 접근하려는 노력들이 차츰 나타나게 되었고, 그것의 한 성과가 바로 1998년 국제 플라톤 학회 제5차 플라톤 심포지엄이었다고 할 수 있다. 로빈슨과 브리송(T. M. Robinson & L. Brisson, 2000)에 의해 성과물이 정리된 이 심포지엄의 논의 대상 가운데 하나가 『뤼시스』였다. 최근에는 기존의 논란에 정면으로 대응하면서 이 작품을 온전히 다룬 공동 연구서 페너-로우(T. Penner & C. Rowe, 2005)까지 출간되어 이제 서양 학계에 관한 한 『뤼시스』 연구는 어느 정도 궤도에 올랐다고 해도 과언이 아니다.

이미 말했듯이 이 대화편은 어렵다. 물론 애초에 플라톤이 어려운 것이라고 말할 수도 있겠지만, 앞선 스케치에서도 드러나듯이 이 작품은 좀 특별히 어렵다. 왜 플라톤은 이렇게 어렵게 썼는가? 글을 쓴다는 것 자체가 철학함의 본질을 흐트러뜨리기 십상인 위험한 도구일 수도 있다는 것을 누구보다도 첨예하게 의식하고 있던 그가 그런 위험을 무릅쓰면서까지 나무를(아니, 정확히 말해 파피로스를) '낭비'(?)하기로 한 건 무슨 생각에서였을까? 기왕에 그런 잘못 인도할 위험을 안고서라도 쓰기라는 방식을 채택한 것이라면, 쉽고 친절하게 쓸 수는 없었을까? 적어도 필리아에 관한 한 (논의 내용을 이해시키는 측면에서든, 주장을 납득시키는 측면에서든) 플라톤은 어렵고 껄끄러운 데 반해, 아리스토텔레스는 쉽고 공감이 잘 간다 할 수 있는데, 왜 플라톤은 굳이 쉬운 길을 놔두고 어려운 길을 가고 있는 걸까? 읽는 이가 품을 수 있는 이런 질문들이야말로 플라톤 읽기의 핵심을 건드리는 물음들이라 생각한다.

예를 하나 들어 보자. 플라톤이 훌륭한 것을 극단의 것으로 상정하는 순간, 그러니까 목적 계열의 맨 선두에 선 필로스(친구)로 개념화하는 순간, 그것은 더 이상의 필요나 욕구를 결여한 것으로 이해될 수밖에 없다. 이런 생각은 욕구가 있어야 필리아가 성립한다는 생각과 충돌할 수밖에 없다. 이 지점에서 읽는 이는 묻게 될 것이다. 왜 그걸 굳이 극단의 것으로 생각하여 다른 생각과 충돌하게 만드는가? 훌륭한 것의 의미를 완화시켜 생각하면 다른 긍정적인 귀결을 얻을 수 있지 않을까?

이 질문을 하는 순간부터 읽는 이는 플라톤이 명시적으로 쓰지는 않았지만 의도했을 것이 분명해 보이는 생각들의 계열에 자신도 모르게 들어서게 된다. 플라톤의 불친절 혹은 논의 선택의 의외성은 사실 이런 읽는 이 스스로의 불편함 혹은 기이해함, 그리고 그것에서 이어지는 대안적인 생각들의 발생을 예비하는 것이다. 소크라테스의 아이러니나 패러독스가 함께 대화하는 이에게 그랬던 것처럼, 이런 플라톤의 아이러니나 패러독스는 읽는 이에게 이를테면 '병도 주고 약도 주는' 셈이다. 불편함이나 긴장을 주는가 하면, 그 대가로 진리를 추구하는 강한 동기를 또한 준다. 플라톤의 저작이 끊임없이 제공하는 껄끄러움은 결국 읽는 이 스스로 철학하게 하는 플라톤 특유의 동기 유발(motivation) 방식이요, 말하자면 철학함으로 우리를 초대하는 플라톤의 권학(protreptic) 방식이라 하겠다.

생동하는 말을 고정된 글에 담는 일에 대한 경계심을 늦추지 않았던 플라톤 자신도 '어쩔 수 없이' 자기 말을 글로 쓸 수밖에 없었다. 그러기에 그의 글은 끊임없이 자기를 부정하고 넘어서려 한다. 글로 옮겨서 생기는 손실을 만회하기 위해 그는 '대화'를 선택했고, 또 그 대화들 도처에 빈틈과 문젯거리를 심어 놓았다. 그것들을 메우고 정돈하는 일은 우리 읽는 이의 몫이다. 플라톤의 대화편은 말하자면 해답지가 딸려 있지 않은 문제집이다. 게다가 곳곳에 여백들이 자리 잡고 있다. 이 문제집을 펼쳐 놓고 여백에 자신의 대답과 자신의 문제를 채워 가면서 스스로 '철학하는' 일이 플라톤 읽기의 핵심이요 묘미라 할 것이다. 이런 플라톤 읽기를 즐겨 힘쓰다 보면, 어느새 소크라테스가 말로 논의하고 있는 필리아만이 아니라 몸소 실천으로 보여 주고 있는 필리아에도 동참하고 있는 자신을 발견하게 될 것이다.

참고문헌

일차 문헌

1) 텍스트(기준판본)

Platon, Lysis: in J. Burnet(ed.), *Platonis Opera*, vol. III, (Oxford Classical Texts), Oxford: Clarendon Press, 1989(1903년 판의 rep.).

2) 텍스트와 번역

Hofmann, H.(ed.), Platon, Lysis: in *Platon Werke* in Acht Bänden, Griechisch und Deutsch, Bd. I, Darmstadt: Wissenschaftliche Buchgesellschaft, 1977, pp. 399–451, 657–660.

Lamb, W. R. M.(tr.), Lysis: in *Plato: Lysis, Symposium, Gorgias*, Loeb Classical Library 166, Cambridge, MA: Harvard University Press, 1996(1925년 판의 rep.), pp. 3–71.

3) 번역과 주석

Bolotin, D., *Plato's Dialogue on Friendship: An Interpretation of the Lysis, with a New Translation*, Ithaca and London: Cornell

University Press, 1979.

Bordt, M.(tr.), *Platon, Lysis: Übersetzung und Kommentar*, Platon *Werke* V, 4, Göttingen: Vandenhoeck und Ruprecht, 1998.

Lombardo, S.(tr.), *Lysis*: in J. M. Cooper(ed.), *Plato: Complete Works*, Indianapolis/Cambridge: Hackett Publishing Co., 1997, pp. 687–707.

Penner, T. & C. Rowe, Plato's *Lysis*(Cambridge Studies in the Dialogues of Plato), Cambridge University Press, 2005.

Waterfield, R.(tr. & intrd.), *Plato, Meno and Other Dialogues: Charmides, Laches, Lysis, Meno*, Oxford University Press, 2005.

Watt, D.(tr. & intrd.), *Lysis:* in T. J. Saunders(ed.), *Plato: Early Socratic Dialogues*, Penguin Books, 1987, pp. 119–161.

이차 문헌

1) 단행본

김인곤 외 편역, 『소크라테스 이전 철학자들의 단편 선집』, 아카넷, 2005.

M. 보르트(한석환 역), 『철학자 플라톤』, 이학사, 2003(원저: M. Bordt, *Platon*, Freiburg: Verlag Herder, 1999).

von Arnim, H., *Platons Jugenddialoge und die Entstehungszeit des Phaidros*, Leipzig, 1914.

Bostock, D., *Aristotle's Ethics*, Oxford University Press, 2000.

Dover, K. J., *Greek Homosexuality*, Harvard University Press, 1989.

Gould, T., *Platonic Love*, New York: The Free Press, 1963.

Guthrie, W. K. C., *A History of Greek Philosophy*, vol. IV: *Plato. The Man and His Dialogues: Earlier Period*, Cambridge: Cambridge University Press, 1975.

Halperin, D. M., *One Hundred Years of Homosexuality and Other Essays on Greek Love*, Routledge, 1990.

Kahn, C. H., *Plato and the Socratic Dialogue: The Philosophical Use of a Literary Form*, Cambridge University Press, 1997.

Konstan, D., *Friendship in the Classical World*, Cambridge, 1997.

Nussbaum, M. C. & J. Sihvola(eds.), *The Sleep of Reason: Erotic Experience and Sexual Ethics in Ancient Greece and Rome*, The University of Chicago Press, 2002.

Osborne, C., *Eros Unveiled: Plato and the God of Love*, Oxford University Press, 1994.

Pohlenz, M., *Aus Platos Werdezeit*, Berlin, 1913.

Price, A. W., *Love and Friendship in Plato and Aristotle*, Oxford: Clarendon Press, 1989.

Robinson, T. M. & L. Brisson(eds.), *Plato: Euthydemus, Lysis, Charmides: Proceedings of the V Symposium Platonicum; Selected Papers*, Sankt Augustin: Academia-Verlag, 2000.

Santas, G., *Plato and Freud: Two Theories of Love*, Oxford: Basil Blackwell, 1988.

2) 논문

강상진, 「아리스토텔레스의 필리아(philia) : 自己愛와의 관련을 중심으로」, 《인간연구》 제4호, 가톨릭대학교 인간학연구소(2003), 105~123쪽.

강철웅, 「플라톤의 『뤼시스』에서 필리아와 에로스의 관계: 논의들의 이행 과정과 통일성을 중심으로」, 《서양고전학연구》 제28집, 한국서양고전학회(2007), 79~115쪽.

임성진, 「플라톤 『뤼시스』 연구」, 서울대학교 석사학위논문, 2006.

Adams, D., "A Socratic Theory of Friendship", *International Philosophical Quarterly* 35(1995), pp. 269-282.

Adkins, A. W. H., "'Friendship' and 'Self-Sufficiency' in Homer and Aristotle", *Classical Quarterly* n.s. 13(1963), pp. 30-45.

Annas, J., "Plato and Aristotle on Friendship and Altruism", *Mind*

86(1977), pp. 532–554.

von Arnim, H., "Platos Lysis", *Rheinisches Museum für Philologie*, N.F. 71(1916), pp. 364–387.

Bordt, M., "The Unity of Plato's *Lysis*", in T. M. Robinson & L. Brisson(2000), pp. 157–171.

Bossi, B., "Is the *Lysis* Really Aporetic?", in T. M. Robinson & L. Brisson(2000), pp. 172–179.

Cocking, D. & J. Kennett, "Friendship and the Self", *Ethics* 108(1998), pp. 502–527.

Cooper, J. M., "Aristotle on the Forms of Friendship", *Review of Metaphysics* 30(1976/7), pp. 619–648.

_____, "Aristotle on Friendship", in A. O. Rorty(ed.), *Essays on Aristotle's ethics*, 1980, pp. 301–340.

Cummins, J. W., "Eros, Epithumia, and Philia in Plato", *Apeiron* 15(1981), pp. 10–18.

Davidson, D., "Dialectic and Dialogue", in G. Preyer, F. Siebeld & A. Ulfig(eds.), *Language, Mind and Epistemology: On Donald Davidson's Philosophy*, Dordrecht, 1994.

Gadamer, H.-G.(tr. by P. C. Smith), "*Logos* and *Ergon* in Plato's *Lysis*", in *Dialogue and Dialectic: Eight Hermeneutical Studies on Plato*, New Haven, 1980, pp. 1–20.

Glidden, D., "The Language of Love: *Lysis* 212a8–213c9", *Pacific Philosophical Quarterly* 61(1980), pp. 276–290.

_____, "The *Lysis* on Loving One's Own", *Classical Quarterly* 31(1981), pp. 39–59.

Gonzalez, F. J., "Plato's *Lysis*: An Enactment of Philosophical Kinship", *Ancient Philosophy* 15(1995), pp. 69–90.

_____, "Socrates on Loving One's Own: A Traditional Conception of ΦΙΛΙΑ Radically Transformed", *Classical Philology* 95(2000), pp.

379-398.

Haden, J., "Friendship in Plato's *Lysis*", *Review of Metaphysics* 37(1983), pp. 327-356.

Halperin, D., "Platonic Eros and What Men Call Love", *Ancient Philosophy* 5(1985), pp. 161-204.

Hoerber, R. G., "Plato's *Lysis*", *Phronesis* 4(1959), pp. 15-28.

Hyland, D. A., "Ἔρως, Ἐπιθυμία, and Φιλία in Plato", *Phronesis* 13(1968), pp. 32-46.

Jenks, R., "Varieties of Φιλία in Plato's *Lysis*", *Ancient Philosophy* 25(2005), pp. 65-80.

Kahn, C. H., "Plato's Theory of Desire", *Review of Metaphysics* 41(1987), pp. 77-103.

Konstan, D., "Friendship and Reciprocity", in C. Gill, N. Postlethwaite & R. Seaford(eds.), *Reciprocity in Ancient Greece*, Oxford, 1998, pp. 279-301.

_____, "Greek Friendship", *American Journal of Philology* 117(1996), pp. 71- 94.

Kraut, R. "Egoism, Love, and Political Office in Plato", *Philosophical Review* 82(1973), pp. 330-344.

Kühn, W., "L'examen de l'amour intéressé(*Lysis* 216c-220e)", in T. M. Robinson & L. Brisson(2000), pp. 217-225.

Levin, D., "Some Observations concerning Plato's *Lysis*", in J. Anton & G. Kustas(eds.), *Studies in Ancient Greek Philosophy*, Albany, 1971, pp. 236-258.

Mackenzie, M. M., "Impasse and Explanation: from the Lysis to the Phaedo", *Archiv für Geschichte der Philosophie* 70(1988), pp. 15-45.

McTighe, K., "Nine Notes on Plato's *Lysis*", *American Journal of Philology* 104(1983), pp. 67-87.

Narcy, M., "Le Socrate du *Lysis* est-il un sophiste?", in T. M. Robinson & L. Brisson (2000), pp. 180−193.

Nightingale, A. W., "The Folly of Praise: Plato's Critique of Encomiastic Discourse in the *Lysis* and *Symposium*", *Classical Quarterly* 43, No. 1(1993), pp. 112−130.

Pangle, L. S., "Friendship and Human Neediness in Plato's *Lysis*", *Ancient Philosophy* 21(2001), pp. 305−323.

Planeaux, C. "Socrates, an Unreliable Narrator? The Dramatic Setting of the *Lysis*", *Classical Philology* 96, No. 1(2001), pp. 60−68.

Pohlenz, M., Rezenzion von Hans von Arnim, *Platos Jugenddialoge und die Entstehungszeit des Phaidros*, in *Göttingische gelehrte Anzeigen* 5(1916), pp. 241−282.

_____, "Nochmals Platos *Lysis*", *Nachrichten von der Königlichen Gesellschaft der Wissenschaften zu Göttingen, Philologisch-historische Klasse*(1917).

Price, A. W., "Friendship and Desire in the *Lysis*", in *Love and Friendship in Plato and Aristotle*, Oxford: Clarendon Press, 1989, pp. 1−14.

_____, "Plato, Zeno, and the Object of Love", in M. C. Nussbaum & J. Sihvola(2002), pp. 170−199.

Reshotko, N., "Plato's *Lysis*: A Socratic Treatise on Desire and Attraction", *Apeiron* 30(1997), pp. 1−18.

Robinson, D. B., "Plato's *Lysis*: The Structural Problem", *Illinois Classical Studies* 11(1986), pp. 63−83.

_____, "Is There a *ΠΡΩΤΟΝ ΑΓΑΘΟΝ* in Socratic Philosophy?", in K. J. Boudouris(ed.), *The Philosophy of Socrates*, Athens, 1991, pp. 285−291.

Roth, M. D., "Did Plato Nod? Some Conjectures on Egoism and Friendship in the *Lysis*", *Archiv für Geschichte der Philosophie* 77

(1995), pp. 1–20.

Rowe, C., "The *Lysis* and the *Symposium: aporia and euporia*", in T. M. Robinson & L. Brisson(2000), pp. 204–216.

_____, "Need and Ethics in Ancient Philosophy", in S. Reader(ed.), *The Philosophy of Need*, Cambridge University Press, 2005, pp. 99–112.

Rudebusch, G., "True Love Is Requited: The Argument of *Lysis* 221d–222a", *Ancient Philosophy* 24(2004), pp. 67–80.

Santa Cruz, M. I., "Qualité et Qualifié: A Propos du *Lysis* 217b–218a", in T. M. Robinson & L. Brisson(2000), pp. 226–233.

Santas, G., "Plato on Love, Beauty and the Good", in D. J. Depew(ed.), *The Greeks and the Good Life*, Hackett, 1980, pp. 33–68.

Sedley, D., "Is the *Lysis* a Dialogue of Definition?", *Phronesis* 34(1989), pp. 107–108.

Shorey, P., "The Alleged Fallacy in Plato *Lysis* 220e", *Classical Philology* 25(1930), pp. 380–383.

Siebach, J. L. & M. Wrathall, "Socratic Elenchus in Plato's *Lysis*: More than just Consistency Testing", in T. M. Robinson & L. Brisson(2000), pp. 194–203.

Versényi, L., "Plato's *Lysis*", *Phronesis* 20(1975), pp. 185–198.

Vlastos, G., "The Individual as Object of Love in Plato", in *Platonic Studies*, 2nd ed., Princeton, 1981, pp. 3–42.

_____, "The Demise of the Elenchus in the *Euthydemus, Lysis* and *Hippias Major*", in *Socratic Studies*, Cambridge, 1994, pp. 29–33.

Zeyl, D., "Socratic Virtue and Happiness", *Archiv für Geschichte der Philosophie* 64(1982), pp. 225–238.

2) 고전사전

Hornblower, S. & A. Spawforth(eds.), *The Oxford Classical Dictionary:*

The Ultimate Reference Work on the Classical World, 3rd ed., Oxford: Oxford University Press, 1996.

찾아보기

일러두기

1. 같은 자리에 해당 항목이 여러 번 등장할 경우 괄호에 숫자로 횟수를 표시한다. 예: 206a(2)
2. 자리 표시는 OCT의 스테파누스 행 표시(더 정확히는 TLG의 행 표시)를 기준으로 삼는다. 우리말 번역에서 반드시 소절의 구분까지 매번 정확히 반영되지 않을 수 있으므로, 앞뒤 소절까지 살펴야 할 때도 있다.
3. 이 〈찾아보기〉에서 자주 사용되는 기호들은 다음과 같은 쓰임새를 갖는다.

* : 번역 본문에서 채택되지 않은 형태이거나 그런 형태와 관련되어 있다는 것을 보인다. 달리 말해 그 형태 그대로 본문에서 채택되지는 않았으나 해당 항목의 다른 혹은 더 구체적인 의미나 뉘앙스를 전달해 줄 만한 대안 항목 혹은 설명을 가리킨다. 원어 (즉 로마자 단어)에 붙은 경우는 사본의 독해들이 다른데 이 번역서에서 해당 항목을 받아들이지 않았다는 의미이다.
 − : 해당 항목의 구분된 쓰임새를 나누어 제시한다.
cf. : 해당 항목과 내용이 긴밀히 연결되어 있는 다른 항목을 참조하라는 표시이다.
→ : 상세한 정보가 들어 있는 다른 항목으로 이동하라는 표시이다.

일반용어

한국어-그리스어

가까운, 친척, *자신에게 속하는, *고유한, *적절한 oikeios
 − 가까운 210c, d, 221e, 222a, b, c, d, e

− 친척 210d
가진 것 to echon 217e
개를 사랑하는 philokynes → 사랑하는

미심쩍은 느낌 hypopsia 218c
미운 echthros → 적대적인
*미움 echthra → 적대
미움받는 자 misoumenos 213a, b
미움을 받다 miseisthai 212b, c,
  213a
미워하는 자 misōn 213a, b
미워하다 misein 212e, 213a, c

바라다 epithymein → 욕구하다
바라다 boulesthai → 원하다
반대되는 enantios 215e, 216a, b,
  218b
벗 hetairos → 동료
병 nosos 217a, b, 218e, 219a,
  220d
병든 asthenēs, kamnōn
  – asthenēs 215d
  – kamnōn 217a, 218e
보여 주다 epideiknynai, sēmainein
  – epideiknynai → 시범을 보이다
  – sēmainein 214e
보호자 paidagōgos → 아동 보호자
부류 genos 216d
부류 eidos → 모습
부정의한 adikos → 정의로운
분별 없는 agnōmōn 218a cf. 생각
  이 없는
분별 있는 phronimos 210b

분별력 nous 210b
비슷한, 비슷하지 않은 homoios,
  anomoios 214a, b, c, d, e,
  215a, c, d, e, 216b, c, e,
  218b, 219b, 220e, 222b, c, e

사기꾼, *돌팔이 alazōn 218d
사냥감 agra 206a
사냥개 kyōn agreutēs 212e
사냥꾼 thēreutēs 206a, 218c
사냥하다 thēreuein 206a
사랑, 사랑(친애), *우정 philia cf.
  지혜에 대한 사랑
  – 사랑 214d, 215d, 216b, 217e,
    219a, 220b, 221d, 222d
  – 사랑(친애) 207c, 221e
사랑받는 prosphilēs 206c
사랑받는 자, 사랑받는 것 philo-
  umenos, philoumenon 212b,
  c, e, 213a, b, 222e
사랑받다, 사랑(친애)받다 phileisthai
  – 사랑받다 212c, 220b, d, 221d
  – 사랑(친애)받다 222a
*사랑스럽게 philikōs → 친근하게
사랑(연애) erōs 204b, e, 206a, 221e
사랑(연애)받는 자 erōmenos 204c,
  206a, 222a cf. 소년 애인
사랑(연애)하는 자 erastēs 204c,
  205a, b, 206a, 212b, 221b,

168

222a

사랑(연애)하다 eran 204b, 205a, 221b, 222a

사랑을 되받다 antiphileisthai 212b, c

사랑을 되주다 antiphilein 212d

사랑하는 philo-
- 개를 사랑하는 philokynes 212d
- 동료를 사랑하는 philetairos 211e
- 말을 사랑하는 philippos 212d
- 메추라기를 사랑하는 philortyges 212d
- 지혜를 사랑하는 philosophos 212d
- 체육을 사랑하는 philogymnastēs 212d
- 포도주를 사랑하는 philoinos 212d

사랑하는 자, 사랑하는 것 philōn, philoun 212b, c, d, e, 213a, b, c, 222e

사랑하다, 사랑(친애)하다 philein
- 사랑하다 207d, e, 210c, 212a, b, c, d, e, 213c, 215b, d, 217b, 218a, 220d, 221c, d, 222a cf. 지혜를 사랑하다

- 사랑(친애)하다 221b, 222a

사리(를) 분별하다, (제대로) 생각하다 phronein cf. 대단한 생각을 하다
- 사리(를) 분별하다 209c, d, e, 210a
- (제대로) 생각하다 210d

사물 pragma 218d

산문 syngramma 204d

산문을 쓰다 syngraphein 205a

*생각 dianoia → 취지

생각이 없는 aphrōn 210d cf. 분별 있는, 분별 없는

생각하다 phronein → 사리(를) 분별하다

생김새 → 모습 eidos cf. 외관

*성격 tropoi → 기질

*성향 ēthos → 습성

소년 애인, 애인 paidika 204d, 205a, b, e, 206c, 210e, 212b, 222a

소멸되다 apollysthai 220e, 221a, b(2), c(3) cf. 함께 소멸되다

소용, *필요 chreia 215b cf. 유용한, 무용한

*소중한 philos → 친구

*소중히 여기다 agapan → 존중하다

소피스트 sophistēs 204a

습성, *성향 ēthos 222a

시 짓는 일 poiēsis 206b(2)

시가 poiēma 204d, 205c

시가를 모르는 것 amousia 206b

시가를 짓다 poiein 205a, c, d

시간 보내기 diatribē 204a

시간을 보내다 diatribein 203b, 204a
　　cf. 함께 시간을 보내다

시범을 보이다, 보여 주다 epideik-
　　nynai

　– 시범을 보이다 206c

　– 보여 주다 205a(2)

시작점 archē 219c

시행(詩行) epē, metra

　– epē 214b

　– metra 205b

신령 daimōn 223a

*신체 sōma → 몸

쓸모없는 achrēstos, anōphelēs

　– achrēstos → 무용한

　– anōphelēs 210c(첫째 것)

쓸모 있는 chrēsimos → 유용한

*아끼다 agapan → 존중하다

아동 보호자, 보호자 paidagōgos
　　208c, 223a

아름다운 kalos → 멋있는

*아포리아 aporia → 곤경　cf. 망설
　　이다, 길을 잘 찾다

악한 ponēros 214b, c　cf. 나쁜

애인 paidika → 소년 애인

얌전한 asteios 204c

*어린애답게 paidikōs → 귀엽게

어긋나 있는 diaphoros 214d

얼굴을 붉히다, 얼굴이 붉어지다
　　erythrian 204b, c(2), d, 213d

… 에게 와 있다 pareinai → 와 있다

*연애 erōs → 사랑(연애)

*영혼 psychē → 혼

와 있는 것 to paron 217c, d, e　cf.
　　가진 것

와 있다 pareinai 215b, 217c, d, e
　　cf. 떨어져 있다

와 있음 parousia 217b, d, e, 218c

외관 opsis 207a　cf. 생김새

욕구 epithymia 217e, 221a, b, d, e

욕구하다, (…) 하고자 하다, 바라다,
　　… 하고 싶어하다 epithymein

　– 욕구하다 215e, 217c, e, 221b,
　　d, e, 222a

　– (…) 하고자 하다 207e, 208a, e,
　　209a

　– 바라다 207e, 211d, e

　– … 하고 싶어하다 207a

용기(容器) angeion 219e

우주 to holon 204b

*우정 philia → 사랑

원인 aition, aitia

　– aition 221c(첫째 것)

포도주 oinos 219e(3)

포도주를 사랑하는 philoinos → 사
랑하는

포도주 잔 kylix 219e

풋풋한, *정열적인 neanikos 204e

*필요 chreia → 소용

필요로 하다 deein, endees einai
- deein 210d
- endees einai 221d, e

필요로 하다, *부족하다, … 하고 싶
다 deesthai
- 필요로 하다, *부족하다 215a,
217a, 220d(필요하다)
- … 하고 싶다 205b

… 하고 싶다 boulesthai, deesthai
- boulesthai → 원하다
- deesthai → 필요로 하다

… 하고 싶어하다 epithymein → 욕
구하다

(…) 하고자 하다 epithymein → 욕
구하다

함께 소멸되다 synapollysthai 221b
cf. 소멸되다

함께 시간을 보내다 syndiatribein
204c cf. 시간을 보내다, 모임

해 blabē 214e

해로운 blaberos 206b, 221a, b

해를 끼치다, 해를 입다 blaptein,

blaptesthai 206b, 220c, 221a

해를 주다, 해를 당하다 adikein,
adikeisthai 214c

행복한 eudaimōn, makarios, olbios
- eudaimōn 207d, e, 208e,
212a(행복하다고 여기다)
- makarios 행복한, *축복받은
207e, 208d
- olbios 212e

헤르마이아 축제 Hermaia 206d,
223b

혀 꼬부라진 소리를 내다, *이방인
처럼 말하다 hypobarbarizein
223a

혼 psychē 218b, 220c, 222a

혼내 주다 kolazein 211c

환원되다, *거슬러 올라가다 epanaph-
erein 219c

훌륭하게 kalōs 209e(더 훌륭하게)

훌륭하지도 나쁘지도 않은 oute
agathos oute kakos 216c, d,
e, 217a, b, e, 218a, b, c,
219a, 220c, 221b, c, 222c

훌륭한, *좋은 agathos 205e, 206b,
207a, 209c, 210d, 211e, 214c,
d, e, 215a, b, c, 216b, c, d,
e, 217a, b, c, e, 218a, b, c, e,
219a, b, 220b, c, d, 221b, c,
222c, d, e cf. 멋있는

*훌륭한 gennaios → 귀티 나는
*흡족히 여기다 → 존중하다
흼 leukotēs 217d

그리스어-한국어

achrēstos 무용한, 쓸모없는
adikein 해를 주다
adikeisthai 해를 당하다
adikos 부정의한
agathos 훌륭한, *좋은
agapan 존중하다, *소중히 여기다,
         *흡족히 여기다, *아끼다
agnōmōn 분별 없는
agra 사냥감
aitia 원인
aition 원인
alazōn 사기꾼, *돌팔이
aleiphthen → to aleiphthen
alēthēs 진실, 참된
allokotos 묘한, *이상한
amathēs 무식한
amousia 시가를 모르는 것
amphistētein 다투다
anapempazeisthai 다시 숙고하다
angeion 용기(容器)
anomoios 비슷하지 않은
anōphelēs 쓸모없는

antilogikos 쟁론에 능한
antiphilein 사랑을 되주다
antiphileisthai 사랑을 되받다
apeinai 떨어져 있다
aphrōn 생각이 없는
apollysthai 소멸되다
aporein 망설이다
aporia 곤경, *아포리아
archē 시작점
asteios 얌전한
asthenēs 병든
barbaroi 이방인
blabē 해
blaberos 해로운
blaptein 해를 끼치다
blaptesthai 해를 입다
boulesthai 원하다, … 하고 싶다, 바
         라다
chreia 소용, *필요
chrēsimos 유용한, 쓸모 있는
daimōn 신령
deein 필요로 하다
deesthai 필요로 하다, *부족하다,
         … 하고 싶다
dia 때문에
dianoia 취지
diaphoros 어긋나 있는
diatribē 시간 보내기
diatribein 시간을 보내다

kylix 포도주 잔

leukotēs 흼

logos 논의, 논변, 이치, 말

makarios 행복한, *축복받은

manteuesthai 점치다

megalauchia 도도함

megalauchos 도도한

megalophrōn 대단한 생각을 가진

mega phronein 대단한 생각을 하
다, 자신을 대단하게 생각하다

mēte agathos mēte kakos → oute
agathos oute kakos

metra 시행(詩行)

misein 미워하다

miseisthai 미움을 받다

misōn 미워하는 자

misoumenos 미움받는 자

neanikos 풋풋한, *정열적인

nosos 병

nous 분별력

oikeios 가까운, *자신에게 속하는,
*고유한, *적절한, 친척

oinos 포도주

olbios 행복한

ōphelia 도움, 유익

ōphelimos 도움이 되는, *유익한

opsis 외관

oute agathos oute kakos 훌륭하지
도 나쁘지도 않은

paidagōgos 아동 보호자, 보호자

paidika 소년 애인, 애인

paidikōs 귀엽게, *어린애답게

paidotribēs 체육 선생

palaistra 레슬링 도장

pareinai 와 있다

paron → to paron

parousia 와 있음

passophos 모든 면에서 지혜로운

philein 사랑하다, 사랑(친애)하다

phileisthai 사랑받다, 사랑(친애)받다

philia 사랑, 사랑(친애), *우정

philikōs 친근하게, *사랑스럽게

philōn, philoun 사랑하는 자, 사랑
하는 것

philos 친구, 친한 자, 친애하는, *소
중한

philosophein 지혜를 사랑하다

philosophia 지혜에 대한 사랑

philosophos 지혜를 사랑하는

philoumenos, philoumenon 사랑받
는 자, 사랑받는 것

phronein 사리(를) 분별하다, (제대
로) 생각하다

phronēma 자만심

phronimos 분별 있는

physis 자연

poiein 시가를 짓다

poiēma 시가

poiēsis 시 짓는 일

polemios 적대적인

ponēros 악한

pragma 사물

prosphilēs 사랑받는

prōton philon 첫째 친구, *맨 처음
　　의 친구

psychē 혼

rhēma 말

sēmainein 보여 주다

sōma 몸

sophia 지혜

sophistēs 소피스트

sophos 지혜로운

sōphron 절도 있는

synapollysthai 함께 소멸되다

syndiatribein 함께 시간을 보내다

syngeneia 친척 관계

synousia 모임

thēreuein 사냥하다

thēreutēs 사냥꾼

to aleiphthen 칠해진 대상

to echon 가진 것

to epaleiphthen 칠

to epon 덧붙어 있는 것

to holon 우주

to lechthen 말

to legomenon 말

to paron 와 있는 것

to tōi onti philon 참으로 친구

tropoi 기질, *성격

xenos 이방인 친구

고유명사

그리스인(희랍인) Hellēnes 210b

네메아 Nemea 205c

다레이오스(다리우스) Dareios 211e

데모크라테스 Dēmokratēs 204e,
　　205c, 209a

데모폰 Dēmophōn 207c

뤼케이온 Lykeion 203a, b

미코스 Mikkos 204a

아익소네 Aixōnē 204e

아카데미아(아카데메이아) Akademeia
　　203a, b

이스트미아 Isthmia 205c

파놉스 Panops 203a

파이아니아 Paiania 203a

퓌티아 Pythia 205c

헤라클레스 Hēraklēs 205c, d

헤시오도스 Hēsiodos 215c

히에로뉘모스 Hierōnymos 203a,
　　204b

옮긴이의 말

내가 지금 있는 이곳 케임브리지에 도착해 나를 초청해 주신 데이빗 세들리(David Sedley) 선생님을 처음 만난 날의 일이다. 연구 이력과 근황을 묻는 질문에, 있는 그대로 플라톤의 『테아이테토스』로 석사 학위 논문을, 그리고 초기 철학자 파르메니데스로 박사 학위 논문을 썼고, 요사이는 곧 출간될 『뤼시스』 번역을 마무리하고 있다고 말씀드렸다. 대번에 하시는 말씀. "당신은 아주 어려운 것들만 골라서 공부해 왔군요. 우리 B.C. 1세기 세미나가 지루하게 느껴지지 않을까 걱정이네요. 충분히 어렵지 않아서 말예요."

거기다 이런 말씀까지 덧붙이셨다. "나도 예전에 『뤼시스』에 관해 작은 논문을 하나 썼더니, 글쎄, 여기저기서 그 작품에 관해 질문을 해 오는 통에 아주 진땀을 뺐죠. 사실 그 작품은 어려워서 나는 아는 게 별로 없는데 말예요." 반가운 마음에 덥석 동감을 표했다. "저 역시 이 작품, 읽으면 읽을수록 오리무중입니다."

정말이지 『뤼시스』는 어렵다. 우리 시대 서양 고대 철학계를 대표할 만한 대학자도 인정하는 것을 보면 꽤 어렵긴 한가 보다. 그분이 『티마이오스』나 『파이돈』, 『고르기아스』 등에 대해 어려워서 잘 모르겠다고 말씀하시는 것은 들은 적이 없다. 논문을 쓰실 만큼 다른 작품들과 비슷하게 연구했으면서도 『뤼시스』에 대해서만큼은 다른 대화편들과 달리 난해하다는 평가를 하고 계신 것이다.

『뤼시스』는 그러나 재미가 있다. 물론 처음부터 그런 것은 아니다. 마치 내가 좋아하는 평양냉면과도 같다. 처음 맛은 좀 심심하고 밋밋해 보인다. 아니 어떤 이에게는 심지어 거부감마저 줄 수 있다. 하지만 인내심을 가지고 여러 번 찾아가 그 맛을 음미하고 또 음미하다 보면, 어느 순간부터 "그래 이 맛이야!" 하는 때가 온다. 평양냉면의 참맛에 다가가려면 그 정도의 진득한 인내는 필수 코스라고 주변 사람들에게도 가끔씩 이야기하곤 한다. 하물며 플라톤의 작품은 더 말해 무얼 하겠는가. 플라톤의 다른 작품들도 그렇듯, 읽는 이들은 그 정도로 인내할 가치가 충분히 있다는 것을 발견하게 될 것이다. '아름다운 것들은 어렵다'(chalepa ta kala)고 플라톤 자신도 자주 토로하지 않았던가.

"그런데 왜 플라톤은 그렇게 여러 번 곱씹고 되새겨야 비로소 알아낼 수 있는 맛들을 감춰 두었는가? 왜 심플하게 쓰지 않고 그토록 괴팍한가?"

플라톤이 복잡하다는 것은 맞다. 그러나 단순히 괴팍해서만은 아닌 것 같다. 그는 철학이란 오히려 그렇게 하는 것이라고 말하는 것 같다. 그렇게 조금씩 차근차근, 진득하게 다가가는 만남을 계속하다 보면 어느 순간부터 서서히 그 참맛이 자연스럽게 우러나오기 시작하고, 그 맛이 못내 그리워 다시 찾을 수밖에 없게 되는 그런 냉면 육수처럼 말이다. 여러 해 전 대서양 너머 또 다른 케임브리지에 살던 때, 냉면이 그리워 워싱턴디씨까지 거의 하룻길을 차로 달렸던 기억이 새롭다. 그런 그리움과 열정이 사실은 지금 이 작품이 다루고 있는 주제이기도 하다.

"대체 무슨 재미가 있길래?"

백문(百聞)이 불여일미(不如一味)라고, 읽는 이들에게 직접 그 맛을 찾아 나서라고 권하고 싶다.

이미 말했듯이 내 깜냥으로는 어림도 없을 만큼 『뤼시스』는 어렵다. 박사과정 학생 때인 1996년에 읽고 마련해 둔 습작 초고를 2002년 여름 횡성 골짜기에서 정암학당 구성원들과 더불어 다시 읽었고 그때부터 지금까지 계속 고쳐 왔지만, 여전히 간단명료하게 정리되지 않는다. 겨우 이 정도냐고 핀잔을 들어도 좋을 만큼 부끄럽기 짝이 없다. 그러나 설익은 상태에서 나오는 번역이 문제라고 해서 완전히 익을 때까지 마냥 기다릴 수만도 없기에, '카르페 디엠'(carpe diem) 정신으로 일단 내놓고 읽는 이들과 더불어 고쳐 가며 더 잘 익어 가는 모습을 보고 싶다. 그래도 이 번역이 이 정도나마 모양새를 갖추게 된 것은 정암 동학들의 노고 덕분이다. '지혜에 대한 필리아'(philosophia)에 동고동락하면서 서로의 필리아를 다지는 소중한 시간들이었다. 남들이 돌보지 않고 알아주지도 않는 서양 고전의 해독에 묵묵히 종사하고 있는 그분들과 더불어 이 작은 시작을 기뻐하고 싶다.

『뤼시스』는 누가 보아도 '작은' 대화편이다. 작은 것에서 시작한다는 것은 우리가 결국 이루어야 할 것들이 가진 크기 때문에라도 더더욱 소중하고 의미 있다고 믿는다. 튼튼하게 기초를 다지는 일보다 '폼' 나고 남들이 알아주는 일에 쉽게 눈을 돌리는 시류에 감히 저항하는 정신이 결국은 우리 지성을 살찌우는 든든한 버팀목이 되리라 확신한다.

혹시라도 이 번역이 읽을 만한 구석이 있다는 말을 듣게 된다면, 그건 늘 학문적으로나 정신적으로나 세세한 부분에까지 깨우침을 주시고 든든한 버팀목이 되어 주시는 이태수, 김남두 두 선생님 덕분이다. 박사과정 시절에 이태수 선생님과 이 작품을 읽으면서 깨우침을 얻지 못했다면 이 번역을 시작조차 못했을 것이고, 김남두 선생님과 플라톤을 읽으면서 가르침을 얻지 못했다면 플라톤 공부 자체를 이만큼이나 끌고 오지 못했을 것이다. 그리고 마지막 단계에서 따끔한 충고와 세밀한 비판을 아끼지 않으신 양문흠 선생님 덕택에 끝까지 지적 긴장을 유지할 수 있었고, 곁에서 균형추 역할을 하며 격려해 주신 기종석 선생님이 계셨기에 작업이 순조롭게 마무리될 수 있었다. 무엇보다도 이런 지적 향연장을 마련해 주시고 늘 보이지 않는 곳에서 가장 큰 힘이 되어 주시는 이정호 선생님께 존경과 감사의 말씀을 드리고 싶다. 과감하게 플라톤 번역 시리즈의 출판을 맡아 주신 전응주 선생님과도 철학도로서의 동지애를 확인하게 된 것을 기쁘게 생각한다. 새로운 연구와 도전의 장을 제공해 주시고 친절한 도움을 아끼지 않으시는 '아포리아(aporia)의 동지' 세들리 선생님께도 감사와 더불어 기대에 부응하게끔 최선을 다하겠다는 다짐을 드린다.

늘 곁에서 '등에'가 되어 주며 소크라테스가 그랬듯 '병도 주고 약도 주는' 문지영 박사의 공은 말하기가 오히려 새삼스럽다. 지금은 남편만이 아니라 아이들까지 먼 타국 땅에 보내 놓고 노심초사 '기러기 엄마' 노릇을 감당해 내느라 여념이 없다. 늘 그 존재 자체로 내게 기쁨과 행복을 주는 예은이와 의준이, 그리고 오늘의 나를 있게 해 주신 부모님께도 이 역서가 그간 못다 한 아빠 노릇, 아들 노릇에 대한 작은 변명이 되었으면 한다. 일일이 거론하지 못하지만 나를 아는 모든 이들에게 감사하고 그분들과 함께하여 행복하다고 말씀드리고 싶다.

2007년 4월

꽃망울들로 눈부신 케임브리지의 봄날 강철웅

사단법인 정암학당을 후원해 주시는 분들

정암학당의 연구와 역주서 발간 사업은 연구자들의 노력과 시민들의 귀한 뜻이 모여 이루어집니다. 학당의 모든 연구는 시민들의 자발적인 후원을 바탕으로 하기 때문입니다. 그 결실을 담은 '정암고전총서'는 연구자와 시민의 연대가 만들어 내는 고전 번역 운동의 산물이라고 할 수 있습니다. 이 같은 학술 운동의 역사적 의미를 기리고자 이 사업에 참여한 후원회원 한 분 한 분의 정성을 이 책에 기록합니다.

평생후원회원

Alexandros Kwanghae Park 강대진 강상진 강선자 강성훈 강순전 강창보
강철웅 고재희 권세혁 기종석 길명근 김경랑 김경현 김기영 김남두
김대오 김미성 김미옥 김상기 김상수 김상욱 김상현 김석언 김석준
김선희(58) 김성환 김숙자 김영균 김영일 김운찬 김 율 김은자 김인곤
김재홍 김정락 김정란 김정례 김정명 김정신 김주일 김진성 김진식
김출곤 김 헌 김현래 김현주 김혜경 김효미 류한형 문성민 문수영
문종철 박계형 박금순 박금옥 박명준 박병복 박복득 박상태 박선미
박세호 박승찬 박윤재 박정수 박정하 박종철 박진우 박창국 박태일
박현우 반채환 배인숙 백도형 백영경 변우희 서광복 서 명 설현석
성중모 손성석 손윤락 손효주 송경순 송대현 송성근 송유레 송정화
신성우 심재경 안성희 안 욱 안재원 안정옥 양문흠 양호영 여재훈
염수균 오지은 오흥식 유익재 유재민 유태권 유 혁 윤나다 윤신중
은규호 이기백 이기석 이기연 이기용 이두희 이명호 이민정 이상구
이상원 이상익 이상인 이상희(69) 이상희(82) 이석호 이수미 이순이 이순정
이승재 이영원 이영호(48) 이영환 이옥심 이용술 이용재 이용철 이원제
이원혁 이유인 이은미 이임순 이재경 이정선(71) 이정선(75) 이정숙 이정식
이정호 이종환(71) 이종환(75) 이주형 이지수 이 진 이창우 이창연 이창원
이충원 이춘매 이태수 이태호 이필렬 이향섭 이향자 이현숙 이황희
이현임 임대윤 임보경 임성진 임연정 장경란 장동익 장미성 장영식
전국경 전병환 전헌상 전호근 정선빈 정세환 정순희 정연교 정 일
정정진 정제문 정준영(63) 정준영(64) 정태흡 정해남 정흥교 정희영 조광제
조대호 조병훈 조익순 지도영 차기태 차미영 최 미 최세용 최수영
최병철 최영임 최영환 최운규 최원배 최윤정(77) 최은영 최인규 최지호
최 화 표경태 풍광섭 하선규 하성권 한경자 한명희 허남진 허선순
허성도 허영현 허용우 허정환 허지현 홍순정 홍 훈 황규빈 황희철
나와우리〈책방이음〉 도미니코 수도회 도바세 방송대문교소담터스터디
방송대영문과07 학번미아팀 법률사무소 큰숲 부북스출판사(신현부)
생각과느낌 정신건강의학과 이제이북스 카페 벨라온

후원위원

강승민 강용란 강진숙 강태형 고명선 곽삼근 곽성순 김경원 길양란
김대권 김명희 김미란 김미선 김미향 김백현 김병연 김복희 김상봉
김성민 김성윤 김수복 김순희(1) 김승우 김양희(1) 김양희(2) 김애란 김영란
김용배 김윤선 김정현 김지수(62) 김진숙(72) 김현제 김형준 김형희 김희대
맹국재 문영희 박미라 박수영 박우진 백선옥 사공엽 서도식 성민주
손창인 손혜민 송봉근 송상호 송순아 송연화 송찬섭 신미경 신성은
신재순 심명은 엄윤경 오현주 오현주(62) 우현정 원해자 유미소 유효경
윤정혜 이경진 이광영 이명옥 이봉규 이봉철 이선순 이선희 이수민
이수은 이승목 이승준 이신자 이재환 이정민 이주완 이지희 이진희
이평순 이한주 임정미 임우식 장세백 전일순 정삼아 정선빈 정현석
조동제 조문숙 조민아 조백현 조범규 조성덕 조정희 조준호 조진희
조태현 주은영 천병희 최광호 최세실리아 최승렬 최승아 최정옥
최효임 한대규 허 민 홍순혁 홍은규 홍정수 황정숙 황훈성
정암학당1년후원
문교경기〈처음처럼〉   문교수원3학년학생회   문교안양학생회
문교경기8대학생회   문교경기총동문회   문교대전충남학생회
문교베스트스터디   문교부산지역7기동문회   문교부산지역학우일동(2018)
문교안양학습관   문교인천동문회   문교인천지역학생회
방송대동아리〈아노도스〉   방송대동아리〈예사모〉   방송대동아리〈프로네시스〉
사가독서회

개인 116, 단체 16, 총 132

후원회원

강경훈 강경희 강규태 강보슬 강상훈 강선옥 강성만 강성식 강성심
강신은 강유선 강은미 강은정 강임향 강주완 강창조 강 항 강희석
고경효 고복미 고숙자 고승재 고창수 고효순 곽범환 곽수미 구본호
구익희 권 강 권동명 권미영 권성철 권순복 권순자 권오성 권오영
권용석 권원만 권장용 권정화 권해명 김경미 김경원 김경화 김광석
김광성 김광택 김광호 김귀녀 김귀종 김길화 김나경(69) 김나경(71) 김남구
김대겸 김대훈 김동근 김동찬 김두훈 김 들 김래영 김명주(1) 김명주(2)
김명하 김명화 김명희(63) 김문성 김미경(61) 김미경(63) 김미숙 김미정 김미형
김민경 김민웅 김민주 김범석 김병수 김병옥 김보라미 김봉습 김비단결
김선규 김선민 김선희(66) 김성곤 김성기 김성은(1) 김성은(2) 김세은 김세원
김세진 김수진 김수환 김순금 김순옥 김순호 김순희(2) 김시형 김신태
김승원 김아영 김양식 김영선 김영숙(1) 김영숙(2) 김영순 김영애 김영준
김옥경 김옥주 김용술 김용한 김용희 김유석 김유순 김은미 김은심
김은정 김은주 김은파 김인식 김인애 김인욱 김인자 김일학 김정식
김정현 김정현(96) 김정화 김정훈 김정희 김종태 김종호 김종희 김주미

김중우	김지수(2)	김지애	김지유	김지은	김진숙(71)	김진태	김철한	김태식
김태욱	김태헌	김태희	김평화	김하윤	김한기	김현규	김현숙(61)	김현숙(72)
김현우	김현정	김현철	김형규	김형전	김혜숙(53)	김혜숙(60)	김혜원	김혜자
김혜정	김홍명	김홍일	김희경	김희성	김희준	나의열	나춘화	남수빈
남영우	남원일	남지연	남진애	노마리아	노미경	노선이	노성숙	노혜경
도종관	도진경	도진해	류다현	류동춘	류미희	류시운	류연옥	류점용
류종덕	류진선	모영진	문경남	문상흠	문영식	문정숙	문종선	문준혁
문찬혁	문행자	민 영	민용기	민중근	민해정	박경남	박경수	박경숙
박경애	박귀자	박규철	박다연	박대길	박동심	박명화	박문영	박문형
박미경	박미숙(67)	박미숙(71)	박미자	박미정	박배민	박보경	박상선	박상준
박선대	박선희	박성기	박소운	박순주	박순희	박승억	박연숙	박영찬
박영호	박옥선	박원대	박원자	박윤하	박재준	박정서	박정오	박정주
박정은	박정희	박종례	박종민	박주현	박준용	박지영(58)	박지영(73)	박지희
박진만	박진현	박진희	박찬수	박찬은	박춘례	박한종	박해윤	박헌민
박현숙	박현자	박현정	박현철	박형전	박혜숙	박홍기	박희열	반덕진
배기완	배수영	배영지	배제성	배효선	백기자	백선영	백수영	백승찬
백애숙	백현우	변은섭	봉성용	서강민	서경식	서동주	서두원	서민정
서범준	서승일	서영식	서옥희	서용심	서월순	서정원	서지희	서창립
서회자	서희승	석현주	설진철	성 염	성윤수	성지영	소도영	소병문
소선자	손금성	손금화	손동철	손민석	손상현	손정수	손지아	손태현
손혜정	송금숙	송기섭	송명화	송미희	송복순	송석현	송염만	송요중
송원옥	송원희	송유철	송인애	송태욱	송효정	신경원	신기동	신명우
신민주	신성호	신영미	신용균	신정애	신지영	신혜경	심경옥	심복섭
심은미	심은애	심정숙	심준보	심희정	안건형	안경화	안미희	안숙현
안영숙	안정숙	안정순	안진구	안진숙	안화숙	안혜정	안희경	안희돈
양경엽	양미선	양병만	양선경	양세규	양예진	양지연	엄순영	오명순
오서영	오승연	오신명	오영수	오영순	오유석	오은영	오진세	오창진
오혁진	옥명희	온정민	왕현주	우남권	우 람	우병권	우은주	우지호
원만희	유두신	유미애	유성경	유정원	유 철	유향숙	유형수	유희선
윤경숙	윤경자	윤선애	윤수홍	윤여훈	윤영미	윤영선	윤영이	윤 옥
윤은경	윤재은	윤정만	윤혜영	윤혜진	이건호	이경남(1)	이경남(72)	이경미
이경선	이경아	이경옥	이경원	이경자	이경희	이관호	이광로	이광석
이군무	이궁훈	이권주	이나영	이다영	이덕제	이동래	이동조	이동춘
이명란	이명순	이미란	이미옥	이민숙	이병태	이복희	이상규	이상래
이상봉	이상선	이상훈	이선민	이선이	이성은	이성준	이성호	이성훈
이성희	이세준	이소영	이소정	이수경	이수련	이숙희	이순옥	이승훈
이시현	이아람	이양미	이연희	이영숙	이영실	이영애	이영철	이영호(43)
이옥경	이용숙	이용웅	이용찬	이용태	이원용	이윤주	이윤철	이은규
이은심	이은정	이은주	이이숙	이인순	이재현	이정빈	이정석	이정선(68)

이정애 이정임 이종남 이종민 이종복 이중근 이지석 이지현 이진우
이철주 이춘성 이태곤 이평식 이표순 이한솔 이현호 이혜영 이혜원
이호석 이호섭 이화선 이희숙 이희정 임석희 임솔내 임정환 임창근
임현찬 임환균 장모범 장시은 장영애 장영재 장오현 장지나 장지원(65)
장지원(78) 장지은 장철형 장태순 장홍순 전경민 전다록 전미래 전병덕
전석빈 전영석 전우성 전우진 전종호 전진호 정가영 정경회 정계란
정금숙 정금연 정금이 정금자 정난진 정미경 정미숙 정미자 정상묵
정상준 정선빈 정세영 정아연 정양민 정양욱 정 연 정연화 정영목
정옥진 정용백 정우정 정유미 정은교 정은정 정일순 정재웅 정정녀
정지숙 정진화 정창화 정하갑 정해경 정현주 정현진 정호영 정환수
조권수 조길자 조덕근 조미선 조미숙 조병진 조성일 조성혁 조수연
조영래 조영수 조영신 조영호 조용수 조용준 조윤정 조은진 조정란
조정미 조정옥 조증윤 조창호 조현희 조황호 주봉희 주연옥 주은빈
지정훈 진동성 차경숙 차문송 차상민 차혜진 채수환 채장열 천동환
천명옥 최경식 최명자 최미경 최보근 최석묵 최선회 최성준 최수현
최숙현 최영란 최영순 최영식 최영아 최원옥 최유숙 최유진 최윤정(66)
최은경 최일우 최자련 최재식 최재원 최재혁 최정욱 최정호 최종희
최준원 최지연 최혁규 최현숙 최혜정 하승연 하혜용 한미영 한생곤
한선미 한연숙 한옥희 한윤주 한호경 함귀선 허미정 허성준 허 양
허 웅 허인자 허정우 홍경란 홍기표 홍병식 홍섭의 홍성경 홍성규
홍성은 홍영환 홍의중 홍지흔 황경민 황광현 황미영 황미옥 황선영
황예림 황유리 황은주 황재규 황정희 황주영 황현숙 황혜성 황희수
kai1100 익명

리테라 주식회사   문교강원동문회   문교강원학생회
문교경기〈문사모〉   문교경기동문〈문사모〉   문교서울동문회
문교원주학생회   문교잠실송파스터디   문교인천졸업생
문교전국총동문회   문교졸업생   문교8대전국총학생회
문교11대서울학생회   문교K2스터디   서울대학교 철학과 학생회
(주)아트앤스터디   영일통운(주)   장승포중앙서점(김강후)
책바람

개인 686, 단체 19, 총 705

2021년 3월 10일 현재, 1,025분과 45개의 단체(총 1,070)가 정암학당을 후원해 주고 계십니다.

▌옮긴이

강철웅

서울대 철학과를 졸업하고 같은 대학원에서 플라톤 인식론 연구로 석사 학위를, 파르메니데스 단편 연구로 박사 학위를 받았으며, 하버드대 철학과에서 박사 논문 연구를, 케임브리지대 고전학부에서 기원전 1세기 아카데미 철학을 주제로 박사후 연수를 수행했다. 고대 희랍-라틴 고전의 번역과 연구에 매진하는 정암학당의 창립 멤버이자 케임브리지대 클레어홀 종신 멤버이며, 미 국무부 초청 풀브라이트 학자로 보스턴 칼리지 철학과에서 활동했다. 현재 강릉원주대 철학과 교수로 있다.

저서로 『설득과 비판: 초기 희랍의 철학 담론 전통』(2017 학술원 우수학술도서, 제29회 열암철학상), 『서양고대철학 1』(공저)이 있고, 역서로 『소크라테스 이전 철학자들의 단편 선집』(공역), 플라톤의 『소크라테스의 변명』, 『뤼시스』, 『향연』, 『법률』(공역), 『편지들』(공역), 존 던의 『민주주의의 수수께끼』(공역, 2016 학술원 우수학술도서), 『소피스트 단편 선집』 등이 있다. 고대 희랍이 가꾼 문화 자산인 '진지한 유희'를 단초로 삼아 우리 담론 문화가 이분법과 배타성을 넘어 열린 자세와 균형을 찾는 데 일조하려 하며, 특히 역사 속에서 희미해진 '마이너'들의 목소리를 듣고 되살리려 애쓰고 있다. (이메일: cukang@gwnu.ac.kr)

정암고전총서는 정암학당과 아카넷이 공동으로 펼치는 고전 번역 사업입니다.
고전의 지혜를 공유하여 현재를 비판하고 미래를 내다보는 안목을 키우는
문화적 기반을 마련하고자 합니다.

정암고전총서 플라톤 전집

뤼시스

1판 1쇄 찍음 2021년 3월 19일
1판 1쇄 펴냄 2021년 4월 9일

지은이 플라톤
옮긴이 강철웅
펴낸이 김정호

책임편집 이하심
디자인 이대응

펴낸곳 아카넷
출판등록 2000년 1월 24일(제406-2000-000012호)
주소 10881 경기도 파주시 회동길 445-3 2층
전화 031-955-9510(편집) · 031-955-9514(주문)
팩스 031-955-9519
www.acanet.co.kr

Printed in Paju, Korea.

ISBN 978-89-5733-724-0 94160
      978-89-5733-634-2 (세트)